军事科学院硕士研究生系列教材（第二版）

美军作战实验研究教程

主　编　李　辉
副主编　赵存如

军事科学出版社

图书在版编目(CIP)数据

美军作战实验研究教程/李辉主编.
—北京:军事科学出版社,2013.6
军事科学院硕士研究生系列教材
ISBN 978-7-80237-609-0

Ⅰ.①美… Ⅱ.①李… Ⅲ.①作战模拟—研究—
美国—教材 Ⅳ.①E83

中国版本图书馆CIP数据核字(2013)第104259号

书　　名: 美军作战实验研究教程
作　　者: 李　辉等
责任编辑: 张大禾
封面设计: 倪春昊
出版发行: 军事科学出版社(北京市海淀区青龙桥　100091)

标准书号: ISBN 978-7-80237-609-0
经 销 者: 全国新华书店
印 刷 者: 北京鑫海达印刷厂
开　　本: 880毫米×1230毫米　A5
印　　张: 6.25
字　　数: 168千字
版　　次: 2013年6月北京第1版
印　　次: 2013年6月第1次印刷
印　　数: 1~2500册
定　　价: 13.00元

销售热线: (010)62882626　66768547(兼传)
网　　址: http://www.jskxcbs.com
电子邮箱: jskxcbs@163.com

《美军作战实验研究教程》编写人员

主　　编：李　辉
副 主 编：赵存如
编写人员：李　辉　赵存如　李　宁　陈育功
丁　峰　周　璐

第二版说明

研究生教育，人才是根本，教材是基础。我院1998年推出的第一版军事学硕士研究生系列教材（55本），不仅为加强院研究生教育、提高人才培养质量起到了积极的促进作用，而且在全军、全国研究生教育领域产生了积极影响。2008年12月，我院在总结研究生教育20年经验基础上，确立了培养“以理论功底和思维能力见长的高素质的高级研究型人才和高级参谋型人才”的目标（简称“两高人才”），对院研究生教育提出了更高要求。为满足培养“两高人才”的需要，适应教育部颁布的新学科目录和我院调整后的课程设置，院决定对研究生系列教材（第一版）进行修订，至2012年完成第二版出版工作。

第二版教材共65本。其中，修订25本，新编40本，涉及10个一级学科，23个二级学科。修订工作中，各学科始终坚持以马克思主义军事理论，特别是胡锦涛主席关于国防和军队建设重要论述为指导，以新时期军事战略方针为依据，以近年来国防和军队现代化建设、军事斗争准备的生动实践为牵引，紧密结合院研究生教育和军事科学发展实际，紧紧围绕培养“两高人才”目标，注重发挥军科优势、体现军事特色，实现了研究生教育与军事科研的有机结合。一是继承了第一版教材的优秀成果。对第一版教材中思想、观点和方法比较稳定，理论体系较为成熟的教材，做了进一步提炼、完善，努力使之成为军事学研究生教育的经典教材。二是反映了军事学学科的新知识、新成果、新方法和新体系。充分吸纳了各学科前沿成果，突出了科学发展观、军队信息化建设理论、中国特色军事变革、军事斗争准备等方面的创新理论成果，适应了形势发展，体现了时代特征。三是遵循了军事学学科专业的教学特点和规律。以院研究生教育学科建设规划为依据，与院研究生教育“十二五”规划相适应，与研究生课程体系调整相协调，体现了“两高”目标所要求的知识结构。四是正确处理了教材、讲义和提纲的关系。把相对稳定、理论成熟的课程列入了教材出版计划，对一些虽然内容尚不成熟但前瞻性强且需求迫切的课程，先组织编写授课提纲，提纲成熟后编写讲义，讲义成熟后再编写教材。五是通过编写教材促进了学科建设。各学科进一步完善了教学体系，加强了基础理论研究，锻炼了科研队伍，形成了学术梯队，促进和激发了科研创新。

这套教材的修订和出版凝聚了各级领导、专家、导师及相关工作人员的大量心血和汗水。刘成军院长亲自担任院教材编审委员会主任，孙思敬政委非常关心教材修订工作，要求编出一套体现时代特征和军科特色的高质量研究生教材。刘继贤、徐莉莉副院长担任编审委员会副主任，亲自组织编修工作。参与教材编写的专家和导师以饱满的热情、高度的责任心投入工作，广泛调研、加班加点，按时完成了编写任务。科研指导部多次组织征求研究部、所和导师意见，反复研究教材修订方案，及时掌握教材编写进度，认真协调教材审定出版，做了大量艰苦细致的工作。军事科学出版社把教材出版作为一项重大任务，精心组织、精心设计、精心编辑、精心校对，确保了出版质量。

受编写时间和水平所限，第二版教材的体系还不够完善，内容还有不足之处，恳请有关专家以及广大研究生提出修改意见，以便进一步充实完善。

军事科学院

硕士研究生教材编审委员会

二〇一一年六月

目　录

绪　论

作战实验，是在可控、可测、近似真实的模拟对抗环境中，运用作战模拟手段研究作战问题的实验活动。它是认识军事世界的重要工具和新手段、新途径，是当代军事科学研究的尖端领域。作战实验能力，是打赢信息化战争的重要能力，是军队信息化水平的重要标志之一。

为加快培养作战实验人才，军事科学院军事运筹分析研究所从2005年起，为军事运筹学专业研究生开设了作战实验学课程，并把外军作战实验作为一项重要教学内容。2011年，根据学科发展及研究需要，《美军作战实验研究》正式列为军事运筹学专业研究生必修课程。

在世界新军事革命的浪潮中，美军走在世界各国军队的前列，现代作战实验也首先发端于美军。1996年开始，美陆军、海军、空军及海军陆战队相继建立了自己的作战实验室，陆续开展了一系列旨在推进信息化转型的军兵种作战实验活动。1999年，美国防部组建了联合作战实验室，并于当年进行了第一次联合作战实验。在美国主导下，北约于2001年进行了首次多国作战实验，2003年组建了联合作战实验机构，这标志着作战实验在西方军队开始全面推广。

经过多年的建设与应用，我军作战实验取得了令人瞩目的成就，在某些方面处于世界领先水平，形成了有自己特色的建设与发展模式。但与美军及世界发达国家或地区军队相比，我们在一些方面还存在差距。研究和总结美军作战实验，对于加快推进我军作战实验及作战实验室（机构）建设与运用十分有益。

《美军作战实验研究教程》系统论述了美军作战实验的基本概念、发展演变、管理与实施、主要技术方法、典型案例等内容，总结归纳了其建设与应用方面的特点。

全书分为五讲：美军作战实验概述、美军作战实验管理与实施、美军作战实验技术方法、美军作战实验案例分析、美军作战实验特点。“美军作战实验概述”主要介绍美军作战实验基本概念、发展演变、主要类型、地位作用及基本构成。“美军作战实验管理与实施”主要介绍美军作战实验任务管理、设施管理、建模与仿真管理，美军作战实验实施机构及一般实施程序。“美军作战实验技术方法”主要介绍美军作战实验中使用的运筹计算、建模与仿真和数据支持等技术方法。“美军作战实验案例分析”主要介绍了美军五个典型作战实验案例：其中，“联合行动 1999—1”是面向联合作战概念开发的作战实验案例；“恐怖的海峡 II”是面向政策研究的分析作战实验案例；“联合远征部队实验”是面向完善作战理论、提高作战能力的作战实验案例；“多国实验 3”是多个组织和机构参与的作战实验案例；“寂静铁锤”是面向装备论证的作战实验案例。“美军作战实验特点”主要总结归纳了美军作战实验建设与应用方面的六个特点。

第一讲　美军作战实验概述

美军认为，军队建设必须依靠先进作战理论的强有力牵引。海湾战争的胜利不仅为美军运用高技术武器装备及其战法提供了试验场，也促使美军意识到，在和平时期需要从创新的角度，采用一种经济有效的途径，对新的作战概念和作战理论进行实验或评估，以加速新技术在武器装备发展中的应用，并尽快形成战斗力。作战实验作为一个科学的研究方法得到美军上下的认可。美军提出，“作战实验是一个没有被充分利用的引擎”，通过作战实验，可以完成从概念、原型开发到作战能力的转换过程；通过作战实验，能够把错综复杂的战略问题简单化、条理化，辅助决策人员进行对策研究；通过对真实作战方案进行实验评估，量化分析作战问题，可以确定关键影响因素和战争结果之间的关系，优化战法，优选方案；通过实兵参与的实验和推演，能够为部队创建联合背景和环境，推动作战人员对军事转型及联合作战的理解和掌握，提高训练效益；通过对武器装备系统的实验，可以牵引国防科技基础研究和技术攻关。因此，美军在军事理论研究和军事实践中高度重视发挥作战实验的战略作用，把作战实验列为军队建设的重要环节。

一、美军作战实验的基本概念

（一）实验的概念

实验（Experiment）一词来自于拉丁语 experiri，意为“尝试”。拉丁语中 experimentum 一词意为实验或测试。现代英语中，实验一词的定义也基本类似：

对某事物进行的测试或试验，包括：为了发现未知事物或验证已知事物而采取的任何行动或过程；为了检验某事物是否有效、有用、有据而设计的任何行动或过程（《韦伯斯特新世界词典》）。

为了解某事物或者为了发现某事物是否奏效、真实而进行的测试（《剑桥高级学习词典》）。

为了发现未知的效果或规则、为了测试或建立一个假设、为了演示一个已知的规则，而在可控条件下进行的操作（《麦瑞姆韦伯斯特词典》）。

16 世纪前，人们认为真理和知识仅仅是洞察力或推论的产物。16 世纪后，对于如何了解事实或真相这一问题，科学家、哲学家们纷纷提出自己的看法。法国的笛卡儿认为，当所有疑问都弄清楚后，你才知道什么是真相。英国的培根·弗朗西斯提出了解析的方法。英国的罗吉尔·培根认为，实验是科学之母，耳听到的不可信，归纳和推想出来的也不可靠，自然科学应当予以实验。这样，西方世界逐步建立了以观察和实验为主要途径来获取知识和认识世界的方法体系。

近代以来的科学发展史，充分证明了科学实验在认识和改造世界中的巨大作用。据有关材料介绍，自 1901 年颁发诺贝尔物理学、化学、生理学和医学奖以来，约 60% 的奖项授予了从事实验工作的科学家。

美军联合部队司令部（2011 年 8 月 1 日撤销）联合实验部分析室主任理查德·卡塞博士提出了一个“知识来源的分类”图（如图 1－1 所示），比较清晰地描述了“实验”在人类知识体系中的作用。卡塞将知识的来源总结为推理、归纳和直觉三个方面，推理依靠数学，归纳的对象则是经验，经验又来自于历史、科学和日常经验。其中科学经验的来源，一是调查研究，二是实验。

与自然科学和工程技术领域的情况相同，科学实验在兵器制造等军事科技领域也有广泛应用，发挥了十分重要的作用。但长期以来，在战争准备和作战理论的发展中，始终是经验归纳、智谋对策和哲理思辨占主导地位，实验活动并未进入主流。直到第二次世界大战后，系统科学的发展为作战实验提供了科学的研究方法，信息技术的发展为作战实验提供了高效的技术手段，这些条件的积累和成熟，与战争和军队的信息化转型相结合，从而催生了作战实验这一当代军事变革的产物。

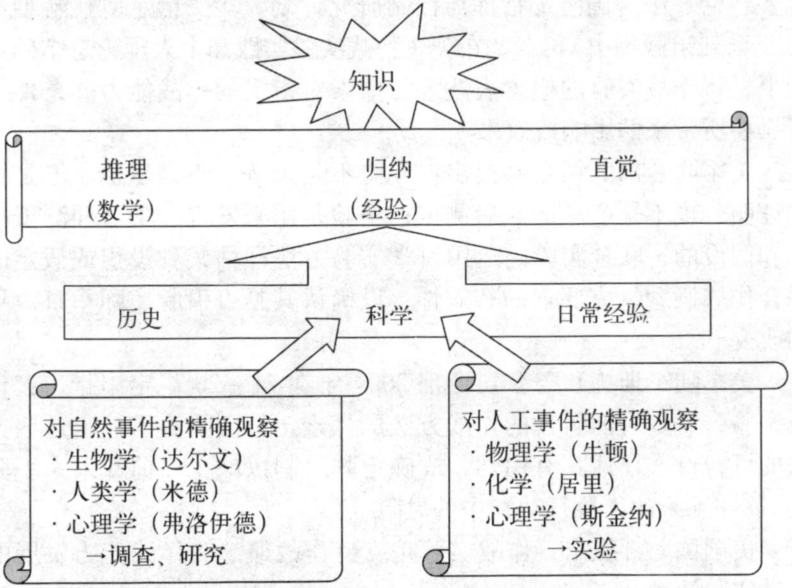

图 1－1　美军联合实验部理查德·卡塞提出的知识来源分类图

（二）作战实验的基本概念

在世界新军事革命的浪潮中，美军走在世界各国军队前列，作战实验也首先出现在美军。随着作战实验的发展，美军对作战实验的内涵、作用等理论问题陆续进行了总结。

1. 作战实验

美军联合实验部分析室主任理查德·卡塞博士 2001 年认为：联合作战实验，就是运用科学实验程序评估所提出的（假设的）作战概念元素的有效性。当时，美军联合实验部的主体——联合作战实验室（联合部队司令部撤销后，改隶联合参谋部）成立仅 3 年，正处于运用联合作战实验支持作战概念开发的探索期。卡塞并未对“作战实验”的内涵予以概括。2005 年他提出，作战实验，就是考察改变指定的作战能力或条件所带来的影响或效果。2006 年在美军重要理论著作《国防部指挥与控制研究计划》（“信息时代转型丛书”系列出版物中），卡塞在美军作战实验实践和个人理论总结的基础上，将作战实验的概念表述为：探索对指定的作战能力或条件进行操控所带来的影响或效果。

美军联合部队司令部提出：实验不是训练、不是示例、不是概念证明、也不是产品的最后测试；实验是用来发现、学习和测试推想和假设的；联合实验是运用科学实验方法评估某种设想或假定的联合作战概念组成要素的有效性，以确认其是否引起实际军事效果的改变。

美军陆军训练和条令司令部 2009 年在 71－20 规定中指出：作战实验，就是对创新性的作战方法的探索，特别是为了评定这些方法的可行性、评估其有用性、或确定其限制以减少当前和未来军队（当前和未来的作战行动）中的风险。

美国国防部提出：作战实验是支持作战概念和作战能力发展的科学实验活动。

从美军对作战实验的定义可以看出，作战实验的目的就是不断提高战斗力，通过从事新概念研究，提出和发展能够促进战争形式不断进步的各种新思想、新方法、新技术，服务于军队高级决策层，为其进行高级咨询，为作战决策提供服务。

需要指出的是，尽管美国及其主要国际合作伙伴英国、加拿大、澳大利亚等国都在使用这一术语，但其含义在各国还存在细微差异，并不完全相同。如，作战实验在有些国家专指使用作战想定的实验，而不包括其他军事行动；有些国家仅仅把包含执行作战任务的作战人员的实验，才称为作战实验；还有些国家则将所有的军事经验分析活动都称为作战实验。

2. 与作战实验相近的词语

美军主要使用短语 Warfighting Experimentation 表达“作战实验”这一概念。除此以外，美军在各类白皮书、指令、研究报告中，也使用其他一些词语，所描述的概念与“作战实验”基本类似，或是强调作战实验的某一方面，主要如下：

（1）联合作战实验

联合作战实验（Joint Warfighting Experimentation），美军主要强调所研究的是联合作战条件下的问题。联合作战实验目前不是美军规定术语，美军更多地使用“联合实验”。

（2）联合实验

美国国防部军事术语词典对“联合”的定义是：在一个活动、行动或者组织中，有两个或两个以上的军事部门参与。联合实验（Joint Experimentation）一词最早出现在 1996 年出版的《联合构想 2010》中，由时任美军参联会主席的希尔顿主导提出，他强调联合实验应成为推进新概念探索的真正动力。为促进单一军种实验在横向和纵向上的整合，1998 年美军在大西洋司令部（1999 年改组为联合部队司令部）正式组建联合作战部，专司联合实验的规划和管理工作。大西洋司令部对联合实验的概念阐述是：为了显著提高联合作战能力，在对条令、编制、训练、装备、领导和人员等方面进行改进时，必须通过一个迭代的过程使得相关概念从提出经过发展，最后到概念成熟，从而用以鉴别、展示和为决策者推荐更好的改革方案。联合实验正是这一系列迭代过程的总称。美国国防部科学委员会在 2003 年针对联合实验的一份研究报告中指出：所谓“联合”，并不仅仅是包括两个或更多军种，从军队能力转型的角度来看，“联合”既包括战争行动层次的联合，也包括各军种能力相互依赖而产生的协力优势。可以看出，美军联合实验主要强调两点：一是实验的参与主体是两个或两个以上的军事部门；二是实验研究的内容是联合作战条件下与联合作战能力相关的问题。

（3）防务实验

防务实验（Defense Experimentation），美军主要强调运用实验方法来解决复杂的国防能力开发问题，包括所有冲突类型，即不仅限于研究正规作战问题，也包括强制实现和平、人道主义救援和维和、反恐作战等非正规作战问题。由于“作战实验”这一术语在美国及其部分国际合作伙伴国家的含义并不完全一致，因此，在一些多国合作完成的实验领域的理论著作中，多使用“防务实验”这一术语。如，美、英、加、澳四国专家共同完成的著作《作战实验实施指南》中，就固定使用“防务实验”一词，用以描述国防领域内使用的实验方法。

（4）军事实验

军事实验（Military Experimentation）一词多出现于美军20世纪80年代之前的资料中。1946年美国运筹学者莫尔斯和金布尔首次提出将实验方法运用于作战研究，使用的就是军事实验这一词语。现在美军仍然使用这一词语，但含义比较宽泛。有些学者认为军事实验还包括通过纯粹想象方式实现的“思想实验”。

二、美军作战实验的发展演变

美军作战实验始于19世纪，其发展演变与美军建设发展水平紧密相连，大体上可分为萌芽尝试、起步探索、应用提高、全面发展四个阶段。

（一）美军作战实验萌芽尝试阶段

这一阶段始于19世纪后期，止于第二次世界大战前。

作战实验的思想和尝试——即在作战之前和作战中推演攻守战法，远在古代就已出现。春秋时代，墨子“解带为城，以牒为械”，和公输般推演攻守战法，“公输般九设攻城之机变，子九距之。公输般之攻械尽，子之守圉有余”。通过九攻九守的作战实验，说明了易守难攻的道理。东汉马援“聚米为山谷”，指画山川道路，陈述两军态势，坚定了刘秀迅速进兵的决心和夺取作战胜利的信心。1811年，普鲁士人冯·莱斯维茨父子发明了用地图、棋子、骰子和计算表模拟军队交战过程的器材——严格式兵棋，成为当时欧洲研究和推演作战计划的得力工具。1879 年出版的《美国兵棋》将兵棋推演介绍到了美国，开启了美军运用兵棋进行作战实验的萌芽阶段。

作为当时美军最先进军种的海军，首先开始了作战实验的尝试。1885 年美国海军军事学院成立后，兵棋推演被长期列为一门必修课程。学院还设计了战略、战斗、战术 3 套兵棋，在桌面上进行舰队机动仿真实验，实验分析的结果，奠定了美军海军发展规划和作战理论的许多重要基础。比如，1901 年海军学院研究结论显示，在舰船上全部使用大口径炮，与使用混合口径炮相比，具有明显优势。这一结论随后应用于当时美海军所有主要的舰船上。又如，美海军舰队集中的原则正是战略兵棋推演直接展示的结果。

进入近代，随着机械化战争和机械化军队的发展，美军带有实验性的军事实践活动也逐步增多。1901 年，美军海军使用潜艇进行实验；1910 年，美军海军进行飞机从船上起飞的演示实验，这可视为美军的首次演示实验；1923 ~ 1940 年，美军海军开展“舰队问题”实验，成为美军航空母舰作战理论发展的关键。美军海军陆战队、陆军也积极开展实验活动。第二次世界大战前，为适应军事技术的迅速发展和未来战争的紧迫需要，美国进行了具有作战实验性质的战争准备活动，促进了地面、海上和空中作战方式的变革。附表 1 列出了第二次世界大战前美军的主要作战实验活动。

需要指出的是，尽管美军历史上的军事认知活动已有某些实验元素，但由于战争的特殊性，其成熟度远远落后于自然科学实验，在理论上没有形成作战实验的思想和方法，在实践上也不存在具有独立意义的作战实验活动。20 世纪的两次世界大战之间，尽管机械化武器装备和作战方式已高度发达，美国在大规模战争准备中也进行了一系列含有战法实验内容的战前演练，但这种演练既没有超越经验归纳、智谋对策和哲学思辨为主的军事认知模式，也没有超越以沙盘推演、图上作业、实装操练、部队演习为主的指挥决策和部队训练模式，更没有哪个战争思想、战略方案和作战计划是通过科学实验产生的。因此，第二次世界大战之前，美军作战实验是处于萌芽尝试阶段。

（二）美军作战实验起步探索阶段

这一阶段始于第二次世界大战期间，止于20世纪80年代末。

二战期间，美国军队成立了运筹组织，运筹机构的研究成果在实战中得到了成功运用，二战结束后独立的军事运筹学学科形成。作为一门系统研究军事问题的定量分析和决策优化的理论与方法的学科，军事运筹学运用其理论与方法揭示军事活动规律，帮助军事决策科学化，合理利用资源，提高军事效益，取得尽可能满意的军事活动效果，成为现代军事系统科学的先导与核心，在国防建设、作战指挥、军事训练、军队组织编制、军队管理、后勤与装备技术保障等领域都有重要应用。

较早提出作战实验思想的是美国运筹学者莫尔斯和金布尔。1946年，他们完成了一部具有深远影响的著作《运筹学方法》，其中的第七章提出了军事实验的概念并进行了集中论述，认为："军事实验的思想，主要不是为了训练，而是为了获得对作战本身的定量认识，它是一种新的思想，并且能够得到重要的结果。如果能够恰当地利用军事实验，一个国家的军队就能够在和平时期与新技术的发展保持同步，而不必在下一场战争开始后再被迫去浪费生命和精力来追赶。但是，如果对待军事实验像普通战术训练一样，那么它将毫无用处。进行军事实验，必须由经验丰富的科学家像从事有效的科学实验那样认真地进行计划和观察，这是军队在和平时期从事作战研究的一个重要而有用的职能。"这个观点很有理论预见性，看到了把科学实验方法应用于作战研究的重要价值及其与传统军事活动的区别。

与此同时，电子计算机于1946年问世，现代作战模拟技术开始起步。1957年，美军分队规模的"卡莫内特"陆战模拟模型研制成功，并在计算机上成功运行。该模拟模型弥补了和平时期军事运筹研究得不到实战检验的缺陷，标志着现代作战模拟的开端。从20世纪50年代到90年代初，现代作战模拟技术迅速兴起，模拟功能和技术水平不断提高，大体上每10年跃上一个台阶。1974年，美国国防部的应用清单中有400多个作战模拟模型，经常使用的就有152个。20世纪80年代末、90年代初，美军和北约的各类作战模拟系统已有500多个，几乎覆盖了各军兵种及各层次的作战行动。1983年，美国国防部高级研究计划局和美军陆军共同制订了SIMNET计划，目的是将分散在各地的多个地面车辆（如坦克、装甲车等）仿真器用计算机网络连接起来。到20世纪80年代末SIMNET计划结束时，这个系统已经包括了分布于美国和德国11个城市的约260个仿真器，以及通信网络、指挥所数据处理设备等。在SIMENET计划成功的基础上，美国国防部又推出DIS标准和ALSP，分布交互仿真技术取得长足发展，作战模拟向网络化、标准化方向发展。

军事运筹学和作战模拟技术的发展成熟，为美军作战实验的兴起奠定了关键技术基础，美军作战实验开始起步探索。在这一时期，美军作战实验主要是运用计算机模拟手段。美国国防部每年用于研制、应用作战模拟的费用达3000万~4000万美元，其中：用于武器系统的技术评价占45%，用于军事作战方针的评价占20%，用于军事力量结构分析的评价占30%，用于分析政治、外交、军事和国际事务占1%，用于研究与发展对抗模拟的新概念占1.5%。如，1954年兰德公司运用Sierra和Redwood两个手工作战模拟系统，考察与有限战争和空军战术有关的问题，指出了美军当时在军事能力、战略思想和武器系统方面的缺陷，为进行有限战争提出了可行的改进建议。又如，1975年美陆军拥有了第一个广泛用于军事训练的模拟系统：联合兵种战术训练模拟系统（简称CATTS)，改变了以往训练模拟系统无法表现“敌手”自主、机智行动的缺陷，能够迅速模拟变化多样的敌手行动，发挥了很好的训练效果；CATTS还能把新武器装备综合到陆军作战计划中，以考查新技术对战术的影响；经过扩展后，该系统还用于发展联合军种的战术条令和训练标准。

（三）美军作战实验应用提高阶段

这一阶段始于20世纪90年代初，止于20世纪末。

进入 20 世纪 90 年代，随着世界新军事革命的蓬勃兴起，作战实验开始崭露头角。一般来说，战争经常发生，而军事变革则相对滞后，因此通过反思上一场战争可以及时地预测下一场战争的特征。海湾战争后，美军陆军率先开始作战实验室建设，启动了美军建设作战实验室的序幕，进而确定了“提出构想—作战实验—部队演习—实战检验”的新型建军与备战模式，把作战实验列为军队建设的重要环节。美军对作战实验室的定义是：“作战实验室是计划和实施实验的专业团队。”美军组建作战实验室的目的，是用非传统的方式实验未来战争，研究新的作战概念、新的作战思想，不断提高军队战斗力，服务于作战决策，并通过作战实验加快新技术在武器装备发展中的应用。美军建设作战实验室的指导思想，是通过作战实验室，采用作战仿真、虚拟仿真和实兵演习相结合的方法，实验和评估美军未来作战的新概念、新原则，如信息战、非对称作战和网络中心战等，寻求增强美军战斗力的新方法和新途径，为保持一支既经济节约，又在作战能力和技术能力上具有优势的 21 世纪军队提供理论依据和发展动力。

1996 年后，美军海军、空军和海军陆战队相继建立了自己的作战实验室。美国防部于 1998 年在大西洋司令部增设了联合实验部，并于 1999 年以联合实验部为主体组建了联合作战实验室，在国防部和参联会的指导下，负责统一计划、组织和协调联合作战实验活动。这是美军唯一的联合作战实验室，编制军官 64 人、文职人员 72 人、合同制雇员 400 人。美军形成了从技术、战术到战役、战略，从兵种、军种到全军联合的作战实验体系，其作战实验室建设在世界各国或地区军队中处于领先水平。附表 2 列出了 2000 年前美军主要作战实验室。

以此为开端，美军陆续开展了一系列旨在推进信息化转型的军种实验活动。1999 年，美军进行第一次联合作战实验，此后每年都有重要的联合实验活动，其中包括覆盖世界各主要战区的大规模联合实验战役“千年挑战 2002”。

世界其他军事强国也纷纷建立自己的作战实验机构。在美国主导下，北约在2001年进行了首次多国作战实验，2003年10月组建了联合作战实验机构。这标志着作战实验在西方军队开始推广。附表3列出了美国以外其他国家或地区的主要作战实验机构。

（四）美军作战实验全面发展阶段

这一阶段始于21世纪初，至今仍在发展。

21世纪初，美军认为其面临的威胁具有作战对手不明确、地点不明确、时间不明确、样式不明确等特点。如何应对新的威胁、具备怎样的能力才能应对诸多不确定因素成为美军上下关注的重点。2001年9月，时任国防部长的拉姆斯菲尔德在四年一次的《国防评估报告》中指出："在军事上推进变革不仅需要科技革新，也需要发展作战理论，实施编制体制调整，进行训练和实验，从而实现一个国家的军事力量转型。"美军为了能够在21世纪继续保持"一超独霸"的战略优势，在多样化的作战对象和作战环境面前，开始大力推行"军事转型"，从军事理论、装备建设、军事力量结构到人员训练各方面均作出了重大调整，有了重大变化。由于转型涉及军事力量的各个方面，关系到美军能否在保持和扩大当前优势的同时，防止潜在对手技术领先，因此，如何避免转型过程中重大决策失误和资源浪费情况的出现，显得尤为重要。通过作战实验可以逐渐使新思想和新技术成熟起来，可以及时发现其中的问题，不断地修正理论和实践的偏差，为转型提供现实的思路和可靠的技术。正是基于这种需求，美军加快了作战实验领域的建设和推广步伐，作战实验日益成熟发展起来。

美军作战实验的全面发展体现在诸多方面，主要包括：一是扩展作战实验领域。2001年"9·11"事件后，美军作战实验紧随其国家安全战略和军事战略的调整变化，迅速进入了向国防领域全面拓展的新阶段。美军提出了"防务实验"的新概念，把作战实验从传统作战领域推广到反恐、维和、救援、缉毒等非战争军事行动领域。二是统筹全军实验。2003年，美军确定把联合作战实验作为实现军事转型的四大支柱之一，以联合作战实验室和军兵种作战实验室为核心，建立了有训练机构、研究机构、作战部队以及军工企业广泛参与的作战实验联合体，一个覆盖全军的信息化作战实验体系基本形成，并形成了三军一体、军民结合的联合实验体制。三是发展国际伙伴。2001 年参与美军作战实验的国家还仅有澳大利亚和德国 2 个，到 2010 年，已有加拿大、澳大利亚、英国、法国、德国、以色列、匈牙利、意大利、西班牙、葡萄牙、希腊、波兰、挪威、瑞典、丹麦、瑞士、芬兰、约旦、摩洛哥、罗马尼亚、日本、韩国和新加坡 23 个国家以及北约组织不同程度地介入了美军的各种作战实验活动，美军作战实验的国际合作日益增强。四是形成指导理论。美国“国防部指挥与控制研究计划”从 2002 年开始陆续出版《信息时代转型丛书》，包括《实验最佳实践准则》、《实验战役——通往创新和转型之路》、《作战实验原理》等一批重要著作；美国海军分析中心组织撰写了《军事实验的艺术》、《军事实验的实践》、《第二次世界大战前的军事实验》等研究报告；美军还积极参与国际合作项目，与澳大利亚、加拿大、英国共同编写了《作战实验实施指南》。这些理论著作和指导性规范，建立了作战实验理论基础。

三、美军作战实验的主要类型

美国国防部根据实验的目的，定义了三种实验类型：发现型实验、验证型实验、演示型实验。美军一些研究人员根据作战实验的组织层级，定义了不同的实验类型；我们根据美军作战实验的组织规模和组织主体，也对其实验类型划分进行了总结。

（一）美国防部划分的作战实验类型

综合来看，无论是从语言学的角度还是军事应用的角度，现代英语中对动词 experiment 的定义基本上包含三方面的内涵：“为确定以前未尝试过的某种事物的功效”、“为检验某个假设的正确性”、“为演示某个已知的事实”而进行的测试。这实质上正是实验的三种科学原理、科学特点，也是美国国防部认可的、根据实验目的对作战实验进行的一种重要类型划分。美国国防部在对作战实验进行类型划分的同时也指出：几乎没有“纯粹”的实验，国防部已经实施的实验几乎都是三种类型实验的混合体。

1. 发现型实验

发现型实验，主要着眼于探索新的认识，以发现新现象、揭示新特点、创立新概念为重点。发现型实验往往涉及提供新的系统、组织结构、概念、技术或其他要素，以便实验人员使用，并对所发现的结果进行观察和分类。设计良好的发现型实验将为更严格的实验类型打下基础，但并非所有的发现型实验都能获得足够的知识来支持进一步实施更严格的实验（比如验证型实验）。通常情况下，即使一项发现型实验最初提出了新概念或创新点，也还需要更多的研究和更多的发现型实验来验证初始发现，以便改进原理或确定该创新在什么条件下最有可能提供重大效益。适当地运用发现型实验有助于保证实验活动中充分考虑各种可能性，而不过早地收缩研究范围。

2. 验证型实验

验证型实验也称假设检验型实验，是以分析、检验、证实为重点，对已有的经验、设想或预测进行科学评估。从科学意义上讲，验证型实验的目的就是确立知识或提炼对某个知识域的了解，它是研究人员使用的经典实验类型。为了进行验证型实验，实验人员需要设定一定的方案，在方案中改变那些会引起影响因素发生变化的因素（自变量）值，对一个或多个影响因素（因变量）进行系统性地观测，而其他潜在的相关因素（控制变量）保持不变。因此，从验证型实验中得出的结果总是要在“其他条件相同”的情况下进行解释。往往需要实施多次这种实验，才能获得大量高质量的数据，为可靠地确立新知识奠定基础。

3. 演示型实验

演示型实验，主要目的是具体展现已有的科学方法和结论，其重点不是产生新知识，而是演示如何在作战实践中运用新思想、新战法、新技术。

美军实践中，先进技术演示系统（ATDS）和先进概念技术演示系统（ACTDS）是典型的演示型实验。这两种演示型实验都需要应用成熟的技术，通过实验，使国防部有关人员了解相关技术的潜力和影响，通常也会淘汰一些技术。演示型实验也需要进行观察和测量，以便将所演示的内容形成文件，供实验结束后重新调用。

（二）研究领域划分的作战实验类型

在研究领域，学者和专家对作战实验的类型划分没有严格的界定，大多是根据研究的需要，在一些学术会议、理论专著、研究报告中，从作战实验的组织层级、组织规模、组织主体等不同角度对作战实验类型进行划分。

1. 不同组织层级的作战实验

（1）有限技术评估实验

有限技术评估实验通常用于武器装备测试评估等一些涉及面较窄的问题。此类实验的对象是一件或多件装备，没有假想敌或作战想定，仅仅是对装备有控制地重复使用，目的是检测装备是否能运转、装备的运用效率有多高（如：评估武器装备的圆概率偏差或命中概率等）。有限技术评估实验和传统的靶场实验有很多共同点，但其管理方式完全不同。有限技术评估实验的结果是获取尽可能多的数据，如果一次计划运行100次的装备实验在开始的15次测试中全都失败，那么后续的85次实验就没有再进行的意义。有效技术评估实验将停下来，修改一些内容，然后再继续进行。如，美军海军陆战队运用有限技术评估实验有效解决了目标精确定位系统的性能评估问题。

（2）有限目标实验

有限目标实验与有限技术评估实验相比，需要有一个想定、一个假想敌，需要研究者参与决策。专门用来进行技术测试的有限目标实验，可能包含许多个子实验。比如，美军海军陆战队在1999～2001年“干练勇士”实验中，对侦察、监视和目标捕获确定等方面进行了有限目标实验。

（3）高级作战实验

高级作战实验是利用先进的分布交互仿真技术以及现代计算机、网络通信等多种技术手段，把真实仿真、结构仿真和虚拟仿真有机融合在一起的实验；有时就是联合实兵演习的一部分，通过实际兵力和虚拟兵力在多维空间的运用，来研究和解决重大作战问题。高级作战实验要“完全”包括真实作战中所需要的全部内容，至少应该涵盖真实作战过程的主要方面。如，美陆军围绕数字化部队建设组织了10次高级作战实验，通过这些实验演习坚定了美军建设数字化部队的方向和决心。实验主要有1992年的2次数字化排演习，1994年4月的“沙漠铁锤”数字化部队与非数字化部队实兵对抗演习，1997年3月的“21世纪特遣部队高级作战实验”演习，以及同年11月的“数字化师高级作战实验”演习等。

（4）实验战役

实验战役就是为探索并完善对某个重要概念的认识而进行的一系列相互联系的作战实验活动。作战实验不是孤立存在的，所有的实验都是更大范围的“实验”的一部分。单一的作战实验有其局限性，能取得的成果只限于实验本身，即它能够探究的是数量有限的变量之间的相互作用。由于单个实验做出的贡献有限，因此通过精心挑选、合理安排一系列的实验组成实验战役，针对特定问题或特定能力进行实验，能够获得更大的价值。实验和实验战役的关系就如同网络中心战中平台和网络之间的关系，网络是最大的战斗力资源，与多个平台构成的网络相比，单个平台的价值要小得多。

2. 不同组织规模的作战实验

（1）兵种实验

通常由单一兵种组织实施，主要研究兵种的战法运用、编制构成、武器装备等问题的作战实验。如，美陆军组织、由第24机械化步兵师参加的夜战准备实验。

（2）军种实验

通常由一个军种组织实施，主要研究军种作战理论、兵种编成、条令编修等问题的作战实验。如，美海军组织的“舰队作战实验”。

（3）联合实验

通常由联合指挥机构组织实施，主要研究诸军兵种联合作战行动理论、指挥机构设立等问题的作战实验。如，美军联合部队司令部组织的“千年挑战”、“崇高决心”、“城市决心”、“统一行动”等系列联合实验。

（4）联盟实验

通常由一个国家的军队主导、其他国家和地区的军队参与，主要研究多国军队联合行动的组织协调、通信联络、部队编成、战法运用等问题的作战实验。如，2002 年由美军联合部队司令部发起，澳大利亚、加拿大、芬兰、法国、德国、瑞典等国家参加的“多国实验”。

3．不同组织主体的作战实验

（1）实验室实验

通常以作战实验室、作战研究人员为主体组织实施，主要目的是进行军事科研论证的实验。如，美空军空间作战实验室主要研究 21 世纪空军的空间搜索与作战概念、技术和训练等相关实验。

（2）研究机构实验

通常以研究机构为主体组织实施，主要目的是对战略决策相关问题进行模拟评估的实验。如，美国兰德公司受军方委托，就台海问题开展的“恐怖的海峡 I”、“恐怖的海峡 II”等多次实验。

（3）作战部队实验

通常以作战部队为主体，结合部队演习组织实施，主要目的是掌握新理论、新装备和新战法的实验。如，美军预演伊拉克战争的“千年挑战 2002”实验。

（4）联合指挥机构实验

通常以高层指挥机构为主体，在实战条件下结合具体作战行动进行，主要目的是检验新的作战理论和武器装备的实验。如，美军在伊拉克战争、阿富汗战争中，对网络中心战、震慑作战等作战理论及钻地弹等武器装备进行的实验。

四、美军作战实验的地位作用

美军十分重视作战实验在国防和军队建设中的作用。美国国防科学委员会在研究报告《联合实验》中指出："今天的作战实验项目就是明天的作战行动"。美国国防部在《国防报告》中指出："富有创造性地进行严格的军种与联合作战概念创新与实验，是国防部努力实现军事变革的主要措施；为迎接未来的挑战，不仅要系统地总结实战经验，而且必须运用战争对策模拟、计算机辅助仿真，以及实兵演习等方式，进行模仿未来作战能力的实验"，"21 世纪美军的规划和建设都将以作战实验室和作战实验中所得出的结论为依据"。美军在《信息时代转型丛书》中指出："作战实验的主要目的是发展军队在作战方面的能力、产生新观点新理念。"

近年来，美军的实践也充分展示了作战实验在开发作战概念、分析战略问题、评估作战方案、组织实兵演练、检验作战效能等方面，所发挥的研究论证和辅助决策功能。

（一）开发作战概念，促进理论创新

美军认为，作战概念是指对未来作战样式、所需作战能力的设想，它是未来部队建设、武器装备发展的依据。随着信息技术的快速发展，战争样式的稳定周期越来越短，传统的"从战争中学习战争"的方法越来越不能满足需求，运用作战实验的方法研究战争成为重要的手段。在信息化战争时代，需要借助于信息论、控制论、系统论、决策科学等现代科学理论以及仿真技术、计算机技术、网络技术等现代化手段，才能在军事理论创新上取得重大突破。有关战争的新概念、新理论的提出和验证越来越依赖于作战实验。

一方面，作战实验为分析危机、挑战和潜在对手的威胁提供了科学的环境和手段。在虚拟的战争环境里，能够超越当前实践，克服现实物理时空和物质条件的局限，全面客观地反映现代战争全貌，形象逼真地展现风云变幻的全维战场、由成千上万种武器系统组成的作战体系和各种规模样式的军事对抗行动，精细地刻画实际存在但又不易实现的作战事件或对抗过程，虚拟出由于目前经济、安全、环保、法律、道德等方面原因导致难以进行或者无法进行的军事现实，模拟出当前或潜在对手，反复与其进行交战，对对手的情况进行反复研究，真正做到“知彼”，为提出新的作战思想奠定基础。

另一方面，作战实验还可以超越现有历史阶段，用前瞻的方法研究军队的转型方式及可能的风险。通过实验中科学客观的仿真类比、观察分析和检验论证，军事人员能够穿梭于“明天的现实”，对未来战争中有可能发生的事件过程进行超前探索与预先实践，进而获取和验证规律性的军事认识；通过逼近客观实际的作战预演，军事人员能够更加理性地认识未来作战，为提出新的战争理念和长远建设思路提供支持。

运用作战实验，美军先后论证提出与完善了“空地一体战”、“全频谱作战”、“网络中心战”、“快速决定性作战”等新军事理论和作战思想。以“快速决定性作战”理论的论证过程为例，1999 年 4 月，美国防部在其发布的《国防规划指南》中提出了这一构想；其后，美军联合部队司令部拿出了研究规划，并于 1999 年 10 月推出了《快速决定性作战》0.5 版白皮书，提出了概念框架；2000 年美军又召开了一系列专题讨论会，通过仿真实验、兵棋推演、实兵演习，对 0.5 版白皮书进行实验和检验，于 2001 年 5 月推出了 1.0 版白皮书；随后，美军对 1.0 版白皮书再次组织了多轮讨论、辩论与实验，不久便推出了 2.0 版白皮书。美军还通过“千年挑战 2002”、“统一追求 2003”实验，使“快速决定性作战”构想从最初的概念框架性文件逐步走向完善成熟的作战理论。

（二）分析战略问题，辅助对策研究

作战实验的科学特点决定了其善于从影响战略决策问题的众多因素中抽取主要因素作为考察对象，从而把错综复杂的战略问题简单化、条理化，帮助决策人员探讨对策方案。实验中，通过改变军队的规模、兵力结构，分别评估不同规模和兵力结构情况下部队的

作战能力，可以找出它们之间的因果关系和影响程度，可以用来研究总兵力规划，并提出各军种军事战略方面的要求。运用作战实验还可以对军费分配的长远规划、年度计划等提出建议。

美军在海湾战争爆发前，针对处理波斯湾地区危机的作战预案进行了实验研究，研究结果形成了一份关于突发事件快速反应的分析报告，由陆军分析实验部门送交给陆军总部负责作战和计划的决策人员。从1990年8月中旬到海湾战争地面战争结束，美陆军分析实验部门运用仿真评估方法，对“沙漠盾牌”、“沙漠风暴”等行动的战略部署、部队需求、战区导弹防御、联军潜力重要问题进行了500多次作战实验。美军运用作战实验研究战略问题的经典案例，就是针对台海问题开展的“恐怖的海峡”系列研究。美国兰德公司受军方高层委托，运用推演实验方法，对台海问题进行了“恐怖的海峡I”、“恐怖的海峡II”两次实验活动，就台湾的防御和美国未来对台政策等问题，向军方高层提出了对策建议。

（三）评估作战方案，优化作战方法

作战实验的核心是能对军事问题进行定量分析，预测计划和方案的执行结果，可以用于作战方案的制定和优选。

一方面，信息化条件下局部战争的组织指挥异常复杂，在筹划准备阶段，指挥员和指挥机关面临一系列需要通过定量分析回答的问题，特别是主要方向和关键时节的作战行动，能够通过模拟实验手段得出较为客观、可信的结果，辅助决策人员进行分析、判断，从而制定合理的作战方案。

另一方面，现代战争的参战兵力多、作战空间广阔，各兵力之间、各任务之间关系比较复杂，是一个不易被掌握的复杂系统。通过作战实验，能够发现计划、方案中许多不完全展开、仅凭大脑不能发现的缺陷和漏洞，避免在作战运用中导致重大损失和失败；能够对战法进行多层面的分析，找出该战法的有效使用条件，比较各种战法的优劣，从而优化作战方法。

美军在海湾战争、科索沃战争、阿富汗战争和伊拉克战争中，

运用联合分析系统、联合战区级仿真系统、扩展防空仿真系统等工具，对作战方案进行了检验，取得了良好的实战效果。

（四）组织实兵演练，提升训练效益

作战实验能开发作战概念，也能提高训练效益。在探索和验证作战理论的实验过程中，同步借助计算机仿真技术、仿真器等手段，可以增强指挥人员组织筹划作战的能力，提高部队武器装备的运用水平。

美军在“千年挑战2002”、“联盟作战实验”、“多国实验”等重大实兵实验活动中，广泛运用模拟系统和各类平台模拟器，通过实验网络实现无缝链接，充分发挥仿真实验的灵活配置、多次重复、安全经济等特点，大大提高了训练质量和效益。

美军“千年挑战2002”实验，仿真兵力规模达7万余人，真实兵力达1.35万余人，实验贯穿北美大陆，跨越3个时区，涉及美国13个州的9个军事训练基地和17个模拟中心，广泛分布在地面、空中、海上、海下和网络等多维空间。此次实验的主要任务是：探索发展《2020联合构想》中的作战理论和原则，提高联合训练能力，为联合部队司令部制定转型任务和目标提出对策建议。通过实验，美军对未来战争理论作了进一步研究，尝试运用了“网络中心战”的作战样式，充分检验了“远征航空航天部队”、“过渡旅战斗队”、“前沿从海上”等各种概念和设想，模拟验证了一批在研武器装备的使用效能，达到了预期的实验目标。

（五）检验作战效能，支持装备建设

美军认为，信息化条件下，技术创新的速度非常之快，运用作战实验能够很好地应对这种挑战，确保装备系统建设中以需求牵引技术创新的主导地位。

一方面，作战实验能够充分发挥对武器装备新原理、新技术和新概念进行先期技术演示与概念验证的作用，牵引技术的突破和整合。利用作战实验对武器装备研制全过程进行支持，包括概念演示、

方案论证、装备研发、装备维修等，可以缩短研制时间、节约费用、提高质量。

另一方面，作战实验还可以模拟远期作战需求，在现实和未来技术发展的基础上，提出“明天”和“后天”对武器装备的新要求，使其能够满足部队的具体需求。利用作战实验可以检验融入信息技术的现有武器装备和新型武器装备的预期作战效果，有利于现有装备的信息化和新型武器装备的形成和发展；可以对不同结构的武器装备进行组合试验，制定武器装备发展的战略规划。

美军的武器装备作战实验遵循“急用优先”的原则。美国国防部每年都可能收到几百项申请，但只有数十项能够入选，入选项目都要求在作战需求和技术能力之间做出权衡，确保先进技术能够最大限度地满足作战部门的军事需求。美军在“联合攻击战斗机”项目研制过程中，从需求分析，到工程仿真、虚拟制造、半实物仿真、仿真验证，最后到系统集成的全过程，都采用了仿真实验技术，既缩短了研制时间、节约了费用，又提高了研制质量。在伊拉克战争中，无人机极大地增强了美军的作战力量，而无人机的许多成果都是在作战实验室里获得的。如，“捕食者”和“全球鹰”这两种无人机通过先期概念技术演示验证，在作战实验室里进行能力开发，之后又在一些实兵演习中得到验证，随后直接参加了阿富汗战争和伊拉克战争的实践，并取得了很好的战绩。

五、美军作战实验的基本过程和构成

（一）美军作战实验的基本过程

作战实验活动包括学术讨论会、专家研讨会、推演、复杂的大规模计算机模拟和实兵野外试验等。作战实验是一个连续的过程，它首先从有关作战和组织结构的新概念中，挖掘和拓展可能大幅提升联合作战能力的观点，然后在作战实验中验证这些新概念，通过筛选和提炼，使之逐步成熟。早在 1998 年，美军大西洋司令部就发布了详细定义的联合实验过程要素，并给出了联合实验过程示意图（图 1－2 所示）。该图是美军联合实验过程的一个典型示意图。

图 1－2 中，联合实验过程要素的定义如下：

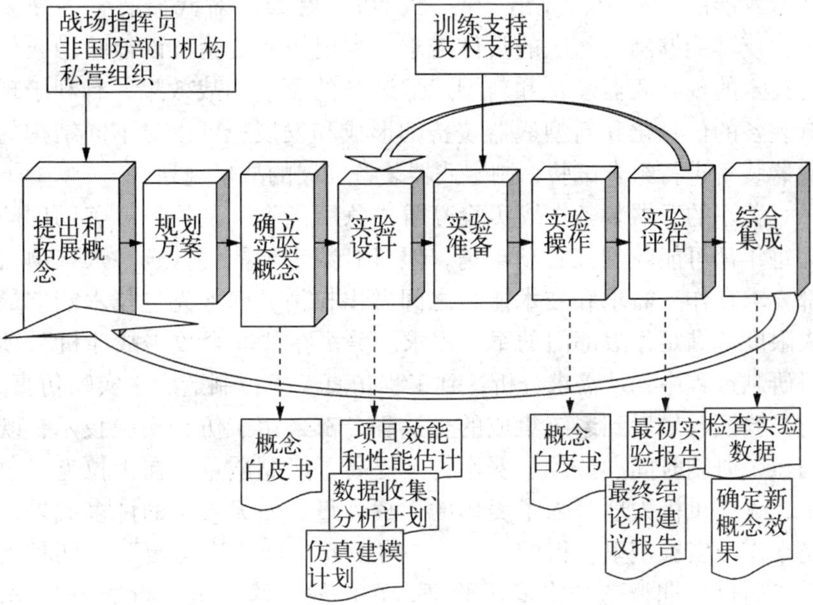

图 1－2　联合实验过程示意图

提出和拓展概念：收集和分析战场指挥员、非国防部门机构、私营组织的战略指导情况和信息。通过对这些信息进行综合，为联合实验研究和提炼一系列较详细的概念。

规划方案：制订实验计划，细化实验项目的内容，对每个实验的作用进行详细定位。

确立实验概念：发布实验确定验证的概念白皮书。白皮书详细描述这些亟待检验的新概念，包括实验假设等细节。

实验设计：包括实验项目效能和性能估计、数据收集计划、分析计划和仿真建模计划等具体计划。

实验准备：建立实验控制单元，逐步展开实验训练支持和技术支持计划。

实验操作：对假设进行检验，收集实验数据，发布经实验验证后修订的概念白皮书。

实验评估：对实验数据进行分析，产生实验结果报告和带有结论和建议的最终报告。

综合集成：审查新概念的实验结果，确定新概念的效果以及对联合作战的作用。

（二）美军作战实验的基本构成

从图 1－2 中可以看出，美军作战实验包括 4 个基本构成部分：一是实验主体，负责提出概念、拓展概念，组织实施作战实验全过程；二是实验对象，就是作战实验所要研究的概念、解决的问题；三是实验条件，就是支持实验设计、实验准备、实验操作、实验评估等活动的环境、设施、工具、手段等；四是实验活动，就是作战实验过程中的具体环节。

1. 实验主体

实验主体就是组织、指导、实施和参与作战实验活动的个人或集体，包括作战实验管理人员/部门、作战实验组织规划人员/部门、作战实验设计人员/部门、作战实验实施人员/部门、作战实验评估分析人员/部门、作战实验保障人员/部门等。

目前，美军除建有作战实验的实施机构（各军种作战实验室和联合作战实验室）外，国防部、参联会、各军种和作战司令部还被赋予了作战实验的管理责任，成为作战实验的管理机构。这些机构与作战实验室、各院校学术单位的实验机构一起构成了美军作战实验完整的管理与实施体系，是美军作战实验平稳运行的组织保证。

2. 实验对象

实验对象就是实验主体所要分析解决的各种问题，是实验主体考察、研究的内容，既包括战略战术思想、作战理论、作战方案等抽象的对象，也包括装备、环境等物质对象。

美军认为，提出问题、思想和假设对作战实验来说非常重要。

新技术往往可以催生新的实验思想，对现有技术的重新思考也能成为实验灵感的来源；来自其他军种、甚至是军队以外组织的经验也是新思想的一个来源；还可以通过早期的作战实验结果来产生新思想。

3. 实验条件

实验条件就是实验主体对实验对象施加作用时所用的环境、工具、仪器和设备等物质手段，是认识客观事物的媒介和桥梁，包括实验用场地、实验用仿真系统、通信设备等。实验用场地又可进一步区分为野外训练场和室内场地。仿真系统可进一步区分为软件系统和硬件设备等。软件系统包括作战实验模型、作战实验平台、数据等软件工具，硬件设备包括基础设施、计算机、网络等硬件设施。

美军用于作战实验的作战模拟软件系统数量众多，模拟层次从工程级、战术级、任务级直到战役级，在联合实验中主要使用的作战模拟软件系统包括支持联合作战全面分析的联合分析系统（JAS）、支持多军种联合军事训练的联合仿真系统（JSIMS）、支持联合作战推演的联合战区级模拟系统（JTLS）、支持城市地形条件下非致命性与常规武器模拟的联合冲突战术模拟系统（JCATS）等。

4. 实验活动

实验活动，就是实验主体所开展的一系列操作活动，是实验主体、实验对象和实验手段三个要素结合在一起相互作用的过程，

作战实验设计是实验活动中的一个重要环节，是根据作战实验目的和要求，对实验方法、实验手段、实验指标、实验步骤等进行设想和计划的活动。美国、加拿大、澳大利亚、英国的专家，在大量防务实验的基础上，针对如何设计有效的实验、如何组织综合性分析与实验活动、如何确保实验的成功这三方面的问题，总结出防务实验活动应遵循的 14 条准则。

设计有效的实验：

（1）防务实验适合用于研究支持能力开发的因果关系问题；

（2）设计有效的实验需要理解实验的内在逻辑；

（3）防务实验的设计应满足 4 个合理性需求，即能够使用新能

力、能够发现变化、能够分离变化的原因、能够把实验结果推广到作战领域；

对分析和实验活动进行集成：

(4) 防务实验应当组织一个连贯的活动系列，最大化地发挥其功用；

(5) 迭代的问题描述、分析、实验过程对综合实验活动中的知识积累和合理性而言至关重要；

(6) 综合实验活动的设计应该综合三种知识生成的科学方法(研究、观察和实验)；

(7) 在一个综合实验活动中需要使用多种方法，以满足 4 个合理性需求；

实验设计中需要考虑的问题：

(8) 在实验设计中必须考虑人的可变性因素；

(9) 嵌入在集体训练和作战测试与评估中进行的防务实验需要额外的实验设计考虑；

(10) 合理地运用建模与仿真是实验成功的关键；

(11) 有效的实验控制机制是成功实验的核心；

(12) 成功的实验依赖于完整的数据收集和分析计划；

(13) 防务实验必须考虑相关的道德、环境、政治、多国和安全问题；

(14) 与利益相关的人或组织进行充分的沟通对成功的实验至关重要。

思考题：

1. 美军作战实验的基本概念是什么？

2. 美军作战实验有哪些主要类型？不同类型的作战实验具有什么特点？

3. 作战实验在美军建设中发挥了怎样的作用？

第二讲　美军作战实验管理与实施

健全的领导机构和明晰的管理职责是作战实验能够顺利进行的根本保证。美国国防部、参联会、各军种和作战司令部在担负美军领导职责的同时，还被赋予了作战实验的管理责任，成为作战实验的管理机构。而各军种作战实验室和联合作战实验室，与各种院校、学术单位的作战实验室则构成了美军作战实验的实施机构。这些管理与实施机构共同构成了完整的美军作战实验管理与实施体系，是美军作战实验平稳运行的组织保证。

一、美军作战实验的管理

美军作战实验经过几十年的实践，已经建立起完整的管理体系，从作战实验任务的计划，到实验的人、财、物管理，形成了具有美军特色的管理方法和责任明确的管理机构。

（一）作战实验的任务管理

美军的大型作战实验，都是根据国防部提出的整体建军思想，在参联会主席的指导下，按照美军现行的制订作战计划的方法，2 年 1 个周期地制订计划。其基本内容都是围绕国防部对未来部队建设构想而展开。过程是：由国防部长提出部队发展构想，参联会主席根据发展构想提出未来 2 年的作战实验指导，各军种、作战司令部根据作战实验指导提出本军种、作战司令部的实验需求（实验计划），参联会主席对各军种、作战司令部的实验需求（计划）检查、调整和审批，并通过国防部长把实验计划提交议会预算委员会，获得议会的批准和拨款后下发各军种和作战司令部实施。其中，参联会的联合参谋部、各军种的作战计划部是实验计划的主要责任机构。

1. 国防部和参联会对作战实验的规划

国防部是美军作战实验法定的领导者，承担作战实验的领导责任：一是制定军队发展构想，作为提出作战实验需求的根据。如1996年的《2010联合构想》、2000年的《2020联合构想》和2003年的《国防部转型计划指南》等，分别是1990年代后期、2000年后和2003年后美军提出作战实验需求的根据，也是作战实验的牵引。二是审查参联会的“联合实验活动年度报告”，并提交议会。三是提供实验所需的信息和问题。四是对实验进行协调与管理，参与联合概念开发和联合实验活动。五是审查所有实验的观察报告、有启发性的观点、实验结果和建议。六是提供全军需要的实验报告。

在国防部内，作战实验与评估部和部队转型办公室是辅助国防部长实施作战实验管理的主要机构，负责评估概念开发和实验结果对部队转型的意义，向国防部长提出推动概念开发和实验活动的建议；与负责采办和后勤的副国防部长合作，协调采办实验工作，参与联合需求审查委员会的活动等。

参联会负责制订作战实验的年度计划，在美军作战实验管理活动中发挥着举足轻重的作用，不但要实施领导，还要参与一些重大实验活动。其中参联会主席在实验管理方面主要负责：向国防部长提出联合实验的意见；两年提出一次联合实验指导；批准联合概念开发和实验战役计划；确认联合实验需求，以便将这些需求综合到联合概念开发和实验活动中；审查“联合实验活动年度报告”，并将评论意见报国防部长，由国防部长提交议会；审查和调整“联合概念开发和实验年度评估报告”，并提交国防部长；向联合需求审查委员会和各个功能委员会介绍联合实验的半年情况和合理化建议报告，以便收集反馈意见。

联合参谋部作为参联会的常设机构，是参联会主席实施作战实验指导的主要助手，是作战实验计划的核心管理机构：一是监督指导联合作战概念的开发；二是指导联合实验；三是联合能力集成和开发新系统；四是了解和协调近期和长期的作战实验需求。其下属的作战部、作战计划与联合部队发展部、部队结构、资源与评估部等部门，是制订计划的责任机构。

2. 军种对作战实验的计划

美军各军种作为作战力量的提供者，在作战实验中的管理职责是：把军种自身无法实验的问题和信息，提交给参联会（或联合部队司令部）；制订年度实验计划；规划、领导或参加联合实验；参与联合概念开发和实验的协调与管理；提供所有实验的观察报告、有启发性的观点、实验结果和建议；在军种发起的实验中，为作战司令部和其他机构提供参与实验的机会，以便解决在联合方面自身存在的问题。

美军在作战实验方面现行的计划管理方法是，军种开发未来25年后的中长期作战概念，作为军种进一步开发下级概念和作战实验的基础。各作战司令部或舰队开发近期作战概念，以便将长期作战概念转化为实际作战能力，并用以指导指挥官如何利用当前或近期内可以获得的技术和能力。按照这一做法，海军开发了“21世纪海上力量”和“联合作战中的海军”等长期作战概念，陆军开发了“联合作战中的陆军”，空军开发了“未来空军”和“联合远征部队”，海军陆战队开发了“21世纪的海军陆战队”等长期概念。按照分工，海军舰队开发了“海上防护”、“海上打击”、“海上基地”和“网络化部队”等近期作战概念；联合部队司令部开发了“常备联合部队司令部—核心部队”、“联合能力综合程序”等概念。在对作战实验的计划管理中，各军种的参谋部、一级司令部，如陆军的训练与条令司令部、空军的器材部、海军作战部队司令部所属的作战试验与鉴定司令部等，都兼有部分作战实验的管理职责。

3. 作战司令部结合任务对作战实验的计划

作战司令部在作战实验中的管理职责是：按照联合概念开发和实验战役计划的规划，参与联合实验活动；按照规定的方法，提出实验需求，以便共同对联合实验计划进行修改；按照联合实验战役计划规定的方法，提供所有实验的观察报告、有启发性的观点、实验结果和建议。美军各作战司令部在实施作战 实验的计划管理过程中，主要是结合自己承担的作战任务，有针对性地计划自己承担的实验任务。

(1) 中央司令部

中央司令部通过实战实验与检验新的作战概念。一是在实际的反恐战争中，实验并检验一些新的作战概念，如基于效果作战和网络中心战等概念；二是提出与实战相关的作战概念，用以推动技术的发展，如“前方应急司令部”、“联合情报行动中心”、“跨领域解决方案”和“全频谱效果平台”等概念；三是结合承担的打击伊斯兰极端主义势力的任务，实验各种级别的冲突对远征能力和快速反应能力的需求；四是参与近距离交战各方面问题的实验。

(2) 北方司令部

北方司令部结合担负本土军事安全的责任，积极实验复杂的跨机构协调问题。一是联合跨机构协调小组的信息需求和作战行动；二是实验并建立北方司令部常备联合部队司令部；三是开发本土防御和民事支援联合作战行动概念；四是通过联合跨机构协调小组，改进跨机构间的信息共享和作战协同。北方司令部参与的重要联合实验活动主要有“国土防御和民事支援联合作战行动”概念 2.0 版本实验，内容包括国土防御和民事支援任务、应急准备的计划制订等；海军的综合态势感知和紧急事态管理框架的先期概念演示等活动。

(3) 太平洋司令部

太平洋司令部通过各种演习，负责检验由作战实验得出的各种能力。太平洋司令部利用先期概念演示、联合试验和评估，达成对作战实验得出的能力的先期使用，并通过联合和联军演习，把这些能力、原型系统、决策工具、成熟的技术和最新的方法等介绍给联合和联军部队。太平洋司令部承担的实验任务主要有，联合和联军部队的互操作能力，非致命能力，联军部队后勤，医疗系统能力管理和战场态势感知等。

(4) 特种作战司令部

特种作战司令部积极计划与全球反恐战争相关的实验活动。一是把自己开发的作战概念和实验目标融入到其他作战司令部、军种发起的作战实验当中，以加强联合/联军部队和跨部门机构的全球反恐战争能力；二是组织全球反恐战争系列作战实验活动，检验在全球反恐战争中同步制订计划和同步行动方面，与其他作战司令部、跨部门机构和联军的相互关系。特种作战司令部组织的实验活动主要有特种作战的顶层概念、联合特种部队/海军陆战队非正规作战概念、特种部队未来空间概念、粉碎恐怖组织的概念和特种部队未来勇士概念等实验。

（5）南方司令部

南方司令部积极研究和探索新的实验方法，为国防部长办公室的先期概念技术演示和实验活动提供支援。南方司令部作战实验的基本方针是，实施小规模、焦点明确的实验，以解决具体的能力差距问题。南方司令部实施的实验有空载穿透植物雷达的先期概念技术演示，反轰炸、反轰炸机的先期概念技术演示，空载传感器的丛林战实验，永久性基地及其周围环境的西半球信息交换实验等。

（6）战略司令部

战略司令部为完成全球使命积极领导和参加实验活动。其参与的实验活动有“雷神之锤 I”、“雷神之锤 II”、“花岗岩 III”和“统一追求 05”以及战区综合计划系统等。

（7）运输司令部

运输司令部作为从冷战时期的前沿存在到现在“先部署，后作战”转型的关键机构，积极计划和参与各种联合作战实验活动。其参加的实验活动有“统一观察 05”和开发“分布式环境支持系统”的实验等。

4. 有关机构对专项作战实验的管理

专项作战实验管理是指针对某一个方面的实验问题进行的管理活动。美军的作战实验，除了军种进行的系列实验外，还有很多针对某一个方面问题的专项实验，如减小大规模杀伤武器的危害问题研究和信息化时代指挥控制问题的研究等。针对这些专项问题的实验，一般都成立一个专门的组织或机构进行管理，这些组织或机构有的是长期的，有的是临时性的，任务完成即宣告结束。

（1）国防威胁消减局对大规模杀伤武器相关实验的管理

国防威胁消减局是国防部下属的一个长期性机构，组建目的是管理有关大规模杀伤性武器方面的事物，提供抵御大规模杀伤武器的作战支援。职责是管理国防部有关降低大规模杀伤武器威胁的事物，研究与开发减少大规模杀伤武器威胁的概念，组织和计划与大规模杀伤武器相关的作战实验等。其在联合概念开发与作战实验中的作用：一是资助降低大规模杀伤武器方面联合作战概念的研究与开发，在各种军事行动中提供支持，以降低大规模杀伤性武器的威胁，确保美军在受污染环境下的安全和有效完成使命；二是利用与大规模杀伤性武器有关的计算机建模和仿真专业技能，为联合部队司令部组织的“城市决心”等系列实验提供支持，并在实验中发挥核心作用；三是在诸多专业化且高度分类的联合概念开发与实验参与者之间，进行协调。国防威胁消减局组建于1998年，其下属机构“抗击大规模杀伤武器战略指挥中心”则成立于2005年。这一机构自组建以来，就各个机构在抗击大规模杀伤武器应采取的行动和作出正确反应、向国防部和其他联邦机构提供支持和咨询等方面作出了重要贡献。

（2）指挥与控制项目组对指挥控制实验问题的管理

指挥与控制研究计划，是负责国家信息基础结构的助理国防部长办公室的一项研究计划，指挥与控制项目组是根据该项计划命名的一个国防部所属机构，用于管理和计划指挥与控制研究的相关事物。指挥与控制研究计划的目的有：提高指挥与控制的技术水平和实践水平；增强国防部对信息时代国家安全内容的理解；对指挥控制理论、条令、应用、系统、目前技术涉及的问题以及指挥控制实验等问题进行广泛的研究和分析，在作战、技术、分析及教育界之间架起沟通的桥梁。

指挥与控制项目组成立之日起，在作战实验方面发挥了重要作用：

一是进行了大量与实验相关的活动，主要有：在转型过程中，创建需求感知和确立实验的作用；提供与实验和分析相关的作战司令部战斗程序和过程；提供合适的假设、标准和工具；与其他机构或部队协作，构想、设计与实施实验和分析；提供实验平台，鼓励/促进与信息共享、合作和相互信任有关的实验活动；创建/保持与指挥和控制有关的实验数据的交换中心；设计/实施示范性的实验和分析等。

二是作为实验和标准方面的权威机构，指挥与控制项目组作出了如下贡献：分析研究了国防部和联盟的重要机构对技术支持的需求；分析研究了4万多条作战司令部的战斗程序；分析研究了作战司令部战斗程序在一些国家的授权使用情况；构建了网络中心行动的概念框架；构建了北约指挥控制概念的参考模型；构建了北约网络赋能的指挥控制的完备模型；根据联合部队司令部联合创新与实验部的要求，撰写了《实验的最佳行动准则》和《实验战役——最佳行动准则》等描述信息时代国防部转型的书籍；利用在高级概念开发和分析方面的优势，出版了与未来指挥控制和网络中心战相关的大量著作，如《网络中心战》、《理解信息时代的战争》、《优势力量》、《复杂性理论和网络中心战》以及《敏捷组织》等。

三是与联合部队司令部、北方司令部、太平洋司令部、各军种和联军转型司令部等合作，以作战实验工作组和训练课程的方式，把作战实验作为重要和正规的方法，促进了国防部、北约和其他军事伙伴在未来的指挥控制和未来使命等问题研究中对实验的使用，就改进联合实验等问题，促进了与各作战司令部、军种和联军的伙伴关系，促进了国防实验的快速发展。

（3）联合需求审查委员会对实验需求问题的管理

联合需求审查委员会是参联会所属机构，是参联会主席对军种和各作战司令部进行作战实验需求审查的重要助手。其主要职责，就是对军种和作战司令部提出的实验需求进行审查，向参联会主席提出意见和建议，负责审查未来联合作战能力的开发，管理联合能力集成与开发系统，对美军的各项能力需求提供支持。具体内容：一是审查联合能力集成和开发系统的文档、联合概念和能力；二是审查作战司令官的信息处理语言；三是总结来自于能力需求和作战实验的经验教训；四是提出来自联合实验的行动建议；五是提出其他能力需求和开发文档。

（二）作战实验设施管理

作战实验设施是指作战实验赖以进行的外部环境，包括实验用场地、实验用仿真系统、通信设备等。实验用场地又可进一步区分为野外训练场和室内场地，仿真系统可进一步区分为软件系统和硬件设备等。美军有很多作战实验都是把实验问题嵌入实兵演习中进行，从作战实验的角度看，这类演习可以分为两个部分，即实兵部分和仿真部分。实兵部分，使用的场地一般都是实际的野外演习场，使用的设备也都是部队的真实装备，如舰船、坦克、飞机和各种通信设施等。仿真部分则使用仿真系统，生成虚拟的部队或战场环境，以及用于作战实验分析等。美军有很多大型的演习活动都嵌入了重要的实验问题，使用了很多仿真系统，如“千年挑战 2002”演习，就嵌入了网络中心战、快速决定性作战和基于效果作战等作战概念，使用了诸如联合战区级仿真系统、联合半自动兵力系统以及联合冲突和战术仿真系统等生成虚拟兵力，或用于作战问题分析。正是基于此，把“千年挑战 2002”演习也称做是实验。又如美军海军的舰队战斗实验也是一种使用实兵与仿真系统的实验活动。在实验前、实验中和实验后都使用了海军仿真系统，分别用于推演实验问题、仿真虚拟兵力和实验后的分析等。这类演习或实验使用的真实装备和设施，都属于部队的管理范畴，不是专门的作战实验设备。所以，在美军对作战实验设施管理这一部分，仅论述美军对作战实验仿真系统的管理。

1. 美军仿真系统的来源

美军作战实验使用的仿真系统，主要来自 3 个渠道：一是由游戏公司开发的兵棋游戏演化而来；二是对小型的仿真模型逐渐扩充功能，发展成大型仿真系统；三是由军方主导，根据分布式仿真协议或高层体系结构的标准进行系统开发。上述三种来源中，不管是哪一种，都借助了民间公司的力量，商业公司在其中发挥了重要作用。

（1）由兵棋转化而来的系统

兵棋是指用模型表现真实的地形起伏特征，用色彩表现河流、湖泊、道路、村庄和树林，用符号表示军队和武器，按照特定规则进行对阵比赛的一种战争游戏。兵棋最早产生于普鲁士，是当时非常流行的一种宫廷游戏，普鲁士的冯·莱斯维茨父子被认为是现代兵棋的始祖。兵棋后来传播到俄罗斯和欧洲各国、美国及东方的日本，普遍受到这些国家的欢迎，并逐步被使用到作战问题研究当中。在两次世界大战当中，兵棋在对阵的两大集团国家中都得到普遍使用。其中，按照兵棋推演的结果实施作战最成功的例子，当属第一次世界大战中德军坦能堡战役的胜利，以及第二次世界大战中日军偷袭珍珠港的"空前成功"。法西斯国家在第二次世界大战的失败，使得兵棋在德、日两个国家的使用逐渐衰落，相反，却在欧美其他国家、以色列、澳大利亚、中国香港等国家或地区得到了极大发展，其中尤其以美国发展的规模最为庞大。从20世纪50～90年代，美国先后发展了一大批民间兵棋公司，出版了数千种兵棋游戏。其中较为著名的公司有阿瓦隆山公司、SPI公司，以及3W、GDW、MB、OSG、YAQ、TSR、XTR、NOVA、VG、TF、EXCAL、SSI等公司。出版的较为有影响的兵棋有《战术》、《第三次世界大战》、《日德兰半岛》、《火力战》、《西奈》、《鱼叉》、《机械化战争Ⅰ/Ⅱ》和《阿拉伯噩梦：科威特战争》等，以及模拟近代中国太平天国战争的《满清》和模拟中越、中苏冲突的《东方红》等兵棋。在这数千种由民间公司出版的兵棋中，约有20%被直接用于军事问题研究或作战模拟活动。如兰德公司在研究报告《恐怖的海峡》中，模拟海战时，就使用了描述现代海战的兵棋《鱼叉》；在海湾战争中，使用了兵棋《机械化战争Ⅰ/Ⅱ》等。20世纪70年代后期，美军陆军、空军和海军开始有意识地把民间公司研制的兵棋转化成军用仿真系统，或以商业兵棋技术为基础设计本军种的仿真系统，如陆军的《邓·肯》、《神马》、《第一次战役》，海军的《海军战术兵棋》、《海战电子模拟器》，空军的《战术空军》、《突击队》和《空地作战》仿真系统等。这种以民间公司的商业兵棋为依托，或以商业兵棋技术为基础设计制作的军用仿真系统，是美军作战仿真系统的一个重要来源。

（2）由小型模型扩充发展的系统

美军有些仿真系统，最初并不是按照大型仿真系统设计的，而是为了研究某个具体问题而设计的小型模型，后来由于在使用中功能不断扩充，通过边建边用和以用促建的滚动式发展，最终发展成为大型的仿真系统。如美军现在使用最普遍、也是美军仿真系统中最成功的联合战区级仿真系统就是如此。美军的联合战区级仿真系统，是一个使用长达近30年的联合仿真系统，在美军和世界许多国家或地区的军事训练、演习和作战分析中发挥了作用。该套系统是一种交互式的多方训练和分析工具，可以同时模拟陆、海、空、特种部队等多种作战行动和联合行动，可支持海空军、地面部队、后勤部队和特种部队及情报等多方面的训练和分析需求，可用于制订和分析联合或联军的作战计划，以及在联合演习当中作为态势驱动器或者战斗结果评估工具等。尽管联合战区级仿真系统如此成功，但它在建设之初仅是一个小模型，简称MTM，建设目的只是为了“开发一个容易实现且易于使用的模型，以便帮助陆军处理应急作战计划”。20世纪80年代初期，美军参谋长联席会议决定资助设立现代辅助规划项目，根据美军战备司令部和陆军军事学院的要求，决定将MTM升级为复杂的、计算机化的联合战区级模拟系统。按照这一计划，美国喷气推进实验室和R&W公司接手了这一扩建任务，并于1983年发布了《联合战区级仿真系统》1.0版本。之后，R&W公司每年都根据使用情况，对该系统进行补充完善，同时发布新的使用手册。1996年R&W公司发布了该套系统的2.0版本，2004年发布了3.0版本。通过这种逐年的持续改进，联合战区级仿真系统的功能不断扩充和完善，并实现了分布式和达到了HLA技术标准。2003年这一系统卖给我国的台湾，之后每年的汉光演习，在部队实际演习之前，台军将领都要首先利用这一系统对演习过程进行模拟，成为台军每次汉光演习的必修课目。这一系统还在加拿大、澳大利亚、日本以及很多北约国家的军队中使用。通过不断地改进和完善，目前该系统是美军中发展最成熟、使用最广泛的一套大型模拟系统。按照这种模式开发的系统还有两面神仿真系统、光谱仿真系统、旅/营战斗仿真系统、军团作战仿真系统等众多系统。

（3）由军队主导建设的大型系统

美军仿真系统的第三个来源，就是由军队主导有计划地建设大型仿真系统。由军队主导统一建设大型仿真系统，美军的目的是想为军队提供几个功能齐全的大系统，把过去建设的各系统的功能集合在一起，以满足分布式仿真和聚合级仿真协议不能解决的越来越复杂的仿真需求，以实现对复杂大系统或过程的仿真。20 世纪 90 年代后期，美军按照国防部建模与仿真办公室确定的高层体系结构，开始建设以联合作战分析系统、战争综合演练场和联合仿真系统为代表的大型仿真系统。

联合作战分析系统，是由美国国防部长办公室牵头开发的联合战役级军事行动分析系统，预期目的是支持美军联合参谋部、各军种、作战司令部等对战区级、战略级联合作战进行全面完整的模拟分析，包括作战方案计划与实施、兵力评估和概念与条令开发等。联合作战分析系统交付军方使用时，最终确定名称为联合分析系统。

战争综合演练场，是美国国防部高级研究计划署主导的研究项目，建设目的是开发通用的综合战场环境，用于进行联合特遣部队司令部和参谋的训练。该系统可以看做是多个小型系统的集成，也可以看做是对小型系统的扩展，因为该系统在开发过程中综合了美国国防部高级研究计划署原有的合成兵力系统、合成环境系统和实时信息传输与联网项目的成果，希望构造成完整的训练系统。美国国防部建模与仿真办公室还专为这个系统开发了新的接口程序，引入了数据分发管理技术等内容来控制网络流量。1996 年英国加入了该系统的开发，因而系统中加入了英国陆军、海军和空军实体、作战单位和战术，以及建立了基于专家系统的指挥代理等。该系统交付军方使用时，最终定名为联合半自动兵力系统。

联合仿真系统，是美军联合部队司令部联合作战中心主导开发的一个支持多军兵种联合军事仿真的分布式训练系统，建设目的是集成各军种仿真系统的功能，以使联合部队指挥官及参谋人员可接受军种内或军种间所有的联合训练。该系统最终因建设周期长，资金投入过大，无法达到指标要求，美军于 2003 年不得不终止了建设。

2. 美军对仿真系统的管理

美军对仿真系统的管理有集中管理，分散管理，科研机构、院校自己开发并管理三种形式。

集中管理是指集系统研发、管理和支持用户使用于一体的管理方式。美军中负责对仿真系统集中管理的最重要单位是美国国家模拟中心。该中心是美军训练与条令司令部所属专职管理训练模拟的执行机构，1990 年成立，其职责：

一是参与制定开发仿真系统和作战模拟的标准。一方面，把从战场上收集的对分布交互仿真的需求，应用于仿真系统开发当中，以使仿真系统能够满足真实作战的要求。另一方面，与国防部高级研究计划署共同合作，积极推动战争综合演练场和军队应急训练模拟系统等项目的建设。战争综合演练场是指把基于计算机的由一系列复杂模型构成的仿真环境、由武器系统仿真器构成的虚拟环境和现地结合起来，为部队提供统一的分布式的训练环境。美军利用这一环境，进行了多次分布式的大型演习活动。“草原勇士 95”就是这种分布式大型演习活动之一，来自德国格拉芬沃尔、美国肯塔基州诺克斯堡和佐治亚州本宁堡的网络化部队，以美国国家模拟中心作为网络中心参加了演习，而阿拉巴马州诺克堡的空军部队则通过战争综合演练场系统提供了攻击直升机模拟器，共同参加了此次演习。

二是维护和管理美军的系列仿真系统。美军国家模拟中心管理的系列仿真系统主要有：①两面神系统，主要用于训练连、排级和旅、营级指挥员和参谋人员。②光谱系统，主要用于对连至师级的指挥员和参谋人员进行非战争军事行动的指挥训练。③旅/营战斗模拟系统，用于在指挥所演习中训练旅、营级指挥员和参谋人员。④军团作战模拟系统，用于支持联合、合成、军、师、旅级的指挥、参谋军官的集体训练。⑤战术模拟系统，用于美军陆军的一个战区级情报模拟系统，最小能分辨到单个坦克或排、班等。⑥战斗勤务支援训练模拟系统，用于训练美军师、军级支援司令部、战区陆军地区司令部、战区陆军和下属司令部直到最低级别营的指挥员和参谋人员的指挥与控制能力（用于后勤支援方面）。⑦变强度计算机训练系统，是从排、连到营、旅级的计算机化训练系统。⑧战士 2000 系统，从营到战区级联合训练及对抗演习的计算机化战场环境系统。美军为了统一系统开发标准，规定系统开发的生存周期必须经过 6 个步骤，即提出需求、开发、测试、验证、确认和鉴定。美军国家模拟中心在集中管理仿真系统中的职责，就是为 6 个步骤制定统一的标准；准备开发文档和对 6 个步骤的工作进行检查；对世界各地的用户进行硬件和软件的配置、使用和维护，每年至少两次按优先顺序拟制将要进行的软、硬件升级计划。具体方法是，美国国家模拟中心负责软件的升级与维护，硬件则由承包商负责维护；对用户进行培训。

三是支持美军在世界各地的演习活动。美军把国家模拟中心所属的专业人员、技术人员、支援人员和系列仿真系统，以及与其共同部署的陆军战斗指挥实验室的部分人员和部分硬件设备，统称为“蜂箱”模拟设施。国家模拟中心的另一项重要职责，就是对美军举行的各种演习训练活动提供支持。方法是：利用部署在“蜂箱”中的“国防模拟互联网”的永久节点、大型计算机的运算能力和微型 VAX 机，提供设备、网络、计算和通信支持；在参与演习方案的设计中，提供作战仿真系统的专业知识，以确保模拟系统的性能得到充分的认识和利用；利用中心的武器性能数据库和地形数据库为演习训练提供数据支持。美军在世界各地的演习，如在韩国的“透镜”演习，在日本的“山樱花”演习，在欧洲的“大西洋决心”演习，“总部”演习和“草原勇士”演习等，都得到过国家模拟中心的支持。

分散管理是指作战部队或训练基地对安装于部队或基地的系统自行管理，必要时由国家模拟中心或其他开发机构提供技术支持。美军的训练体制，是由各军种利用所属的训练基地对部队进行训练，然后提供给各战区使用。各种训练基地利用安装在基地的仿真训练系统，既担负对部队的训练任务，也承担相关的作战实验任务。其中几个有代表性的基地及其安装的系统有：

内利斯空军基地安装空战仿真系统，用于美空军轮训部队，进行“红旗”实战模拟演习等。

空军模拟训练中心安装空战仿真系统，用于提供教学保障，为空军大学下属院校以及其他院校提供软、硬件，进行三军联合作战模拟对抗演习等。

陆军利文沃斯堡联合战术训练中心安装两面神、光谱等 8 套系统，是国家模拟中心、战斗指挥作战实验室所在地，国家模拟中心是各种仿真系统开发、管理的单位，也是各系统的用户。战斗指挥作战实验室主要担负对作战指挥原则和“作战艺术”与“作战概念”的实验等任务。

陆军欧文堡国家训练中心安装两面神系统，该中心建有 2 个城市作战训练场，一个为部队对抗训练场，另一个为实弹训练场，可供 2 个旅级规模的特遣部队同时进行轮训。

陆军波克堡联合战备训练中心安装两面神系统，是城市作战训练场。

联合部队司令部联合未来实验室安装联合半自动兵力系统和联合战术系统，负责美军联合作战问题的实验。2011 年 8 月，美军联合部队司令部解散，联合未来实验室的去向目前尚不明确。

此外，美军陆军各部队、空军个别单位、驻国外部队和基地、军队院校和后备役部队中也都安装了仿真训练系统，具体有：

两面神系统，安装在美军陆军所有现役及后备役部队的模拟中心（包括朝鲜半岛，驻欧洲美军）、陆军国民警卫队下属的所有独立旅和作战师。

旅/营战斗模拟系统，安装在陆军第 1、第 3、第 5 军，第 18 空降军，空军第1师，陆军步兵第1、第2、第3、第4、第5、第6、第24、第25、第78、第85、第87、第91师和第101空中突击师，霍恩菲尔斯作战机动训练中心，德国、驻韩联合部队特种战中心，美军防化学院、步兵学院、工兵学院、炮兵学院、防空炮兵学院、装甲兵学校、航空学院和福祐堡军士学校等。

军团作战模拟系统，安装在陆军第1、第3、第5军，第18空降军，第8集团军。工作站配套安装在各军中的相应师里。

安装在这些部队的仿真系统，其硬件的维护一般由开发公司负责，软件的升级由国家模拟中心负责，而部队只负责使用。

美军的作战仿真系统除了上述由专门机构集中管理和配置在部队的两种形式外，有些科研机构、院校为了科研和教学的需要，也自行开发并管理着一些仿真系统，如兰德公司的兰德战略评估系统、MARK Ⅱ战略模型，海军分析中心的海军仿真系统等。

（三）作战实验建模与仿真的管理

无论是美国国防部、美军参联会还是各军种，都有一名副职主官兼管建模与仿真工作，管理内容主要是制定和颁布国防部、参联会或各军种有关建模与仿真的政策和标准，用以规范和指导仿真系统的建设。

1. 建模与仿真管理机构

美军对建模与仿真的管理，基本有两条主线：一条是政策法令线；一条是技术标准线。相应的，建模与仿真管理的机构也可按这两条线进行区分。

政策法令线。美军上至国防部、参联会，下至各军种，都设有建模与仿真政策法令的管理机构。国防部建模与仿真的政策法令主要由管理采办与技术的副部长负责，两个具体办事机构是国防研究与工程局和作战试验与鉴定办公室。这一管理体系的主要职责是，在国防部有关部门的协调下，发布国防部建模与仿真的规划、政策和程序，确定国防部建模与仿真的目标，以及达成目标所需的投资策略等。

参联会对建模与仿真的政策法令管理主要由联合参谋部主管信息资源的副部长负责，两个具体办事机构是作战计划与联合部队发展部和部队结构、资源与评估部。管理机构的职责是：监督联合模型与仿真的主要计划程序，批准投资计划；协调使用联合模型与仿真支持制定联合条令、联合演习的应用政策和支持联合训练；通过联合作战中心建立与各作战司令部和军种的联系，以满足支持上述活动所需要的联合模型与仿真需求。

美军各军种在政策法令方面对建模与仿真的管理机构主要有：陆军部由主管作战研究的助理部长负责；海军部由作战部副部长办公室下属的评估处负责；海军陆战队由陆战队副司令指定的一名将军负责；空军部则由空军司令部建模、仿真和分析处负责联络，而由评估保障处、技术保障处、作战保障处、作战需求办公室和技术计划综合产品小组共同负责。军种管理机构的职责主要是制定本军种建模与仿真的政策、计划，对建模与仿真实施监督、提供技术支持以及解决用户需求等问题。

技术标准线。美军国防部建模与仿真技术路线的管理，由建模与仿真执行委员会和建模与仿真协调办公室负责。其中建模与仿真执行委员会的一般职责是：向负责采办和技术的副国防部长提出建议和帮助；审查建模与仿真政策、计划、纲要、出版物和程序；促进各种建模与仿真活动的沟通与合作；为完成国防部的需求，权衡在建模与仿真上哪些投入效益更高，或弥合各军种、作战司令部在建模与仿真方面能力的差别；促进在建模与仿真方面的研究、开发、需求、系统运作、技术和能力的联合与合作；提出建模与仿真的目的、目标和投资策略，并制订实现计划；对国防部下属机构提出的建模与仿真应用申请进行评估、审查和分配；制定开发和执行建模与仿真互操作标准和协议的纲要等。

建模与仿真协调办公室的一般职责是：负责领导和整合国防部所属单位的建模与仿真活动；促进建模与仿真技术的应用和发展；确保作战人员在建模与仿真的工具、模拟结果和作战能力上始终保持优势，以此支持他们完成使命，赋予他们赢得战争的能力；发布政策、提出倡议和指导，以使国防部各机构在建模与仿真上的合作能够最大限度地提高效率；向负责采办和技术的副国防部长办公室主任提出有关建模与仿真的报告。美军各军种也都设有这两个职能机构，虽然使用的名称稍有差别，但其职责和组织机构都大同小异。

2. 建模与仿真的标准及有关政策

通过建模与仿真发展的实践，美国国防部认识到加强建模与仿真管理及制定相应政策的重要性和必要性。为规范建模与仿真建设，促进建模与仿真在美军教育、训练和作战、分析、研发、测试和评估，以及生产与后勤中的广泛应用，美国防部颁布了很多政策法规及技术标准，作为各军种和相关机构建模与仿真建设和应用的依据。

国防部颁布的政策文件主要有：一是第 5000.59 号文件《国防建模与仿真管理》。该文件主要明确了国防部关于建模与仿真的政策，各部门的职责，制定了建模与仿真管理的程序。这份文件是美军建模与仿真发展与应用的指导性文件，是各军种和机构建模与仿真的根据。其直接结果就是促使国防部成立了建模与仿真执行委员会和国防建模与仿真协调办公室。二是《作战实验和鉴定中建模与仿真的应用政策》。这份文件是美军使用建模与仿真支持作战实验与鉴定的政策指导，确定了运用模型与仿真的方法和确保获得可靠结果的方针原则。此外，国防部还颁布了大量有关模型的验证、确认和认定的政策、步骤及指南，用于指导和规范模型的 VV&A 过程。目前，美国国防部门有很大一部分工作，都集中在 VV&A 的政策和行政管理方面，主要是对已完成的建模和仿真项目进行 VV&A 内容的复查。

国防部颁布的技术标准主要有：一是建模与仿真建设标准，包括分布式交互仿真技术、聚合级仿真协议和建模与仿真的高层体系结构等标准；二是模型与数据的交换标准，包括综合环境数据表示交换标准、地形想定生成与存档标准和指挥控制综合环境数据库管理等标准。这些标准的建立和实施，使美军的系统易于扩展和集成，当需要开发新系统时，有的可以直接从现有系统扩展而来，而不需要完全从头开发。同时，还使美军能够将不同时期的仿真技术、不同厂家的仿真产品、不同用途的仿真平台集成在一起，实现交互功能，实现了多个聚合级作战仿真应用通过局域网或广域网进行交互的目的，实现了多个系统越来越复杂的互操作性。美国防部的这些技术标准，为美军仿真系统的统一建设发挥了重要作用，如陆军的多兵种战术训练系统、海军的作战部队战术训练系统、空军的联合建模与仿真系统等都采用了分布交互技术标准，新一代大型联合仿真系统，如联合战区级仿真系统、联合仿真系统、联合分析系统和联合半自动兵力系统等则都采用了高层体系结构技术标准。美国防部制定的这些标准，特别是高层体系结构标准，还被北约和美国国际电气电子工程师协会接受为技术标准。

二、美军作战实验的实施

美军为确保军事优势，打赢下一场战争，在不断开发新的军事技术的同时，还努力探索新的战术，并不断扩展新的作战领域。美军认为，作战实验是美军开发新技术与新战术，并把二者很好结合的一个重要手段。自从 20 世纪 90 年代以来，美军建设了众多军种和联合的实验室，进行了大量实验活动，希望以此达到确保优势的目的。

（一）作战实验实施机构

目前，美军已经形成了以作战实验室为主体、作战实验部队为支撑、其他机构团队为补充的作战实验体系。

1. 作战实验室及其实验

美军认为，作战实验室是计划和实施实验的专业团队。组建作战实验室能够用非传统的方式研究未来的战争、新的作战概念和新的作战思想，不断提高军队战斗力，服务于作战决策，并通过作战实验，加快新技术在武器装备发展中的应用。

美军对作战实验室建设高度重视，在 1999 财政年度的国防报告中，首次将作战实验室建设的内容列入其中，在 2001 财政年度的国防报告中，又进一步阐述并充分肯定了作战实验室对促进美军建设和发展的作用。从两份国防报告的阐述可以看出，美军建设作战实验室的思路是，通过作战实验室采用作战仿真、虚拟仿真和实兵演习相结合的方法，实验和评估美军未来作战的新概念、新原则，如信息战、非对称作战和网络中心战等，寻求增强美军战斗力的新方法和新途径，为保持一支既经济节约、作战能力和技术能力又具有优势的21世纪军队提供理论依据和发展动力。按照这一建设思路，美军建设了一大批军兵种作战实验室和联合实验室，对美军未来发展可能遇到的问题进行了全方位实验，为构建21世纪的军队提供了科学依据。

美军作战实验室主要分为军种实验室和联合实验室两类。军种实验室成立之初，进行的都是独立的军种实验。《2010联合构想》和《2020联合构想》颁布之后，各军种按照联合构想提出的军队发展方向，在作战实验中开始加入其他军种的作战行动，形成了以某一军种为主，其他军种为辅的作战实验样式。2002年联合部队司令部成立后，在该司令部的组织下，尝试进行了一些由联合部队司令部组织的联合作战实验活动。

（1）美陆军作战实验室及其实验

美军陆军是最早建设实验室的军种，建设的原则是，按照指挥控制、机动、火力、支援、防护等作战要素确定实验室种类，对有些要素，根据可能的作战行动再进一步细化，分别建设实验室。如对机动这一要素，进一步细化为乘车机动、徒步机动和空中机动几种，并建有相应的作战实验室。按照这一原则，美陆军先后建设了9个作战实验室，即作战指挥实验室、徒步战斗空间实验室、乘车机动战斗空间实验室、空中机动实验室、全纵深同时攻击实验室、战斗勤务支援实验室、机动支援实验室、空间和导弹防御实验室和早期进入杀伤力与生存力实验室。

美陆军作战实验室的主要任务是，实验新战法，探索新规律，研究新战术，论证新装备，探索提高陆军战斗力的正确思路，从而把部队改造成21世纪陆军。陆军进行的主要实验有：

“数字化排实验”。实验内容是提供初期数字化能力、进行编制重组和验证新的战术、技术与程序，1992 年进行。

“沙漠铁锤实验”。实验内容是数字化部队与非数字化部队的对抗演习，是后继作战实验的基准，1994 年进行。

“大西洋决心、战区导弹防御、草原武士/机动打击部队、焦点快递和武士焦点实验”。实验内容是用 5 次作战实验成果确定未来部队编制的基础，1995 年进行。

“21 世纪特遣队高级作战实验”。实验内容是旅、师和军三级规模的数字化作战实验，目的是在 21 世纪部队野战装备之前，对数字化概念、部队编制和设备进行研究，1996 年到 1997 年进行。

“新技术和新部队概念实验/目标部队实验/未来部队实验”。实验内容是提高迅速、决定性的应急反应能力；实验并论证建立旅规模“打击部队”的可能性；探索“后天的陆军”可能采取的作战模式，1998 年到 2003 年进行。

“统一追求”。“统一追求（2003、2004）”的实验内容是持续冲突世界中的安全问题和长期战争问题，2003 和 2004 跨年度进行；“统一追求（2005、2006）”的实验内容是全球动荡下的长期战争问题，2005 和 2006 跨年度进行；“统一追求（2007、2008）”的实验内容是 21 世纪的冲突动态和同时应对两场大规模战争问题，2007 和 2008 跨年度进行。

上面列出的是美陆军几次典型的实验，实际上，美陆军每年都进行大量的实验活动，仅作战指挥作战实验室进行的实验就有“作战指挥改进计划”、“交互式训练工具与作战指挥官战术、技术训练与规程”、“快速兵力投送实验”、“诸军兵种联合作战互操作能力的验证”、“机动打击部队的高级实验”与“战场可视化”等实验。自 1992 年成立作战实验室以来，美陆军的作战实验大致可分为 3 个阶段：1997 年前，主要是进行数字化部队实验；1997 年到 2002 年，主要是进行“后天”的陆军实验，包括目标部队实验和未来部队实验等；2003 年后，主要是进行以统一追求为代表的联合作战实验。

（2）美空军作战实验室及其实验

美空军作战实验室建设的原则，同样是按照作战要素分类建设的，如空中/空间优势、全球快速机动、全球攻击、精确打击、信息优势和灵活的作战支援等。按照这一原则，自1996年以来，空军组建了7个作战实验室，即信息作战战斗实验室、空中远征部队战斗实验室、空间战斗实验室、部队保护战斗实验室、指挥控制和作战管理战斗实验室、无人机战斗实验室和空中机动战斗实验室。

美空军除了7个战斗实验室外，还有很多其他机构或设施为作战实验提供支持，如蓝旗及红旗和绿旗演习设施、波音公司的波音707/767试验床、指挥控制战斗实验室的建模仿真设备等。其中，美空军的空军实验办公室在美空军的实验中扮演着非常重要的角色。该办公室于1998年组建，隶属于空军作战司令部，是美空军大型实验活动的管理者。美空军进行的联合远征部队大型实验，都是在该办公室管理下进行的。

美空军的作战实验通常是在作战部门的组织下，由主要司令部和与之相关的战斗实验室，在其他机构的支援下共同实施。其他机构如空军条令中心、空军研究实验室和空军实验办公室等。

以美空军为主进行的大型联合实验主要有：

“远征部队实验98”。用于探索航空航天远征部队进入受威胁的地区后，可能采取的新战法，1998年9月进行。

“联合远征部队实验”。“联合远征部队实验99”的主要科目是航空航天远征部队向前沿战区实施紧急部署以及一体化太空和盟军作战，1999年8月进行；“联合远征部队实验00”主要研究航空航天远征部队如何提供灵活的战斗支援，2000年9月进行；“联合远征部队实验02”用于研究关键目标瞄准，2002年进行；“联合远征部队实验04”实验网络中心作战，2004年进行；“联合远征部队实验06”实验网络中心作战，2006年进行；“联合远征部队实验08”实验联合指挥控制问题，2007~2008年进行。

“施里弗”。“施里弗Ⅱ”研究新型航天系统的军事应用与美军未来的太空作战，2003年进行；“施里弗IV”，研究未来太空系统的作战和生存能力，2005～2007年进行。

“统一交战”。“统一交战06”研究以空军为主的未来联合作战问题，2006年进行；“统一交战07”是与联合部队司令部共同进行的未来作战问题研究，2007年进行。

（3）美海军作战实验室及其实验

美海军在组建作战实验室上，与陆军和空军的做法不同。海军的作战实验一般由海军各舰队轮流承担，因此，海军各舰队都是事实上的作战实验室。尽管如此，1996年美海军仍然在海军战斗发展司令部的领导下，成立了作战实验机构“海上战斗中心”。该中心成立的目的，主要是服务于海军的舰队战斗实验。因此，海上战斗中心本质上是美军海军舰队战斗实验的协调与管理机构。2000年，美海军海上战斗中心与国防部高级研究计划署合作，在海军第三舰队“科罗拉多”号上正式组建了“海上作战实验室”。海上作战实验室自成立以来，以提供技术支援的方式，参加了海军各舰队或盟国海军组织的各种作战实验活动。美海军进行的主要作战实验有：

“舰队战斗实验”。“舰队战斗实验A、B”实验使用新的指挥控制机制和先进弹药，研究舰载火力对陆上作战支援的概念，1997年进行；“舰队战斗实验C、D”实验探索在濒海环境下，运用火力环概念实施联合火力支援的战术、技术和程序，1998年进行；“舰队战斗实验E、F”实验研究不对称威胁、海上联合力量到达问题，1999年进行；“舰队战斗实验G、H”实验研究战区空中导弹防御、灵活的指挥体制，2000年举行；“舰队战斗实验I”实验研究紧急情况下部队进入和到达问题，2001年进行；“舰队战斗实验J”实验研究确保到达和海上指挥控制，2002年进行。

“三叉戟勇士”。“三叉戟勇士03”演示部队网原型能力，2003年进行；“三叉戟勇士04”实验研究人与系统的集成效果，2004年进行；“三叉戟勇士05”研究加速形成能力问题，2005年进行；“三叉戟勇士06”研究海域感知与远征作战，2006年进行；“三叉戟勇士07”实验海域安全，2007年进行；“三叉戟勇士08”实验海域感知与海上安全，2008年进行。

（4）美海军陆战队作战实验室及其实验

美海军陆战队于1995年组建了海军陆战队作战实验室。该实验室自成立以来，从战术、技术、战法与程序等方面的基础性验证入手，有计划地组织的主要作战实验有：

“猎人勇士”。实验开阔地作战，1997年进行。

“城市勇士”。实验城市作战，1998~1999年进行。

“干练勇士”。实验机动作战与战役欺骗，1999~2001年进行。

“千年龙”。实验登陆夺港与城市作战，2002年进行。

“海盗”。“海盗04”实验联合强行进入作战，2003~2004年进行；“海盗06”实验分布式作战，2005~2006年进行；“海盗08”实验分布式作战，2007~2008年进行。

“远征勇士”。“远征勇士06”实验太平洋地区的复杂作战概念开发，2006年进行；“远征勇士07”实验太平洋地区的复杂作战，2006~2007年进行；“远征勇士08”促进对海上基地概念的理解，检验联合海上基地面临的互操作性和集成性问题，2008年进行。

“联合城市勇士”。“联合城市勇士06”进行联合城市作战概念开发与实验，2006年进行；“联合城市勇士07”进行联合城市作战概念开发，2006~2008年进行。

（5）美军联合作战实验室及其作战实验

美军的联合作战实验室组建于1999年，原隶属于大西洋司令部，职责是开发未来联合作战概念、战术、技术和程序，探索新的作战原则、编制、训练、装备、指挥和人员的各种组合方案，以增强未来联合作战能力。2002年，大西洋司令部更名为联合部队司令部，原属于美军陆军训练与条令司令部的联合作战中心和联合 C^4ISR 作战中心也随之编入该司令部。联合作战中心组建于1993年，是一个具有研究和业务管理双重职能的机构。其职责是支持各总部的训练和演习、提出联合条令，并从事未来联合作战概念等问题的研究。联合 C^4ISR 作战中心组建于1997年，主要任务是支持各总部对 C^4ISR 能力研究的需求，帮助联合特遣队准备演习，设计实验方案以对联合作战能力进行评估，协调和培养联合特遣队的 C^4ISR 互通能力，支持联合作战的新技术迅速应用于作战部队等。因此，隶属于联合部队司令部的联合作战实验室实际有 3 个，即联合作战实验室、联合作战中心和联合 C^4ISR 作战中心。联合作战实验室进行的主要作战实验有：

“流沙联合演习”。实验内容是联合压制敌人防空、联合战术火力合成、战术弹道导弹防御作战效能先期概念技术演示，1997 年进行。

“信息优势实验”。实验内容是联合作战中信息空间优势问题研究，1998 年进行；对重要机动目标攻击行动，实验内容是 2015 年时对重要机动目标攻击行动的程序、方法和战术实验，实验方式为人在回路的虚拟仿真实验，1999 年进行；快速决定性作战实验，实验内容是快速决定性作战的战术、技术、程序和方法的联合分析模拟实验，实验方式为作战模拟与结构性仿真，2000 年进行；非运动技术有限目标实验，实验内容是非运动技术在联合作战中的运用实验，实验方式为结构仿真实验，2000 年进行；作战净评估有限目标实验，实验内容是作战净评估方法研究，实验方式为作战模拟与人在回路仿真实验，2001 年进行。

“联合实验 99—01”。实验内容是快速决定性作战，1999 年进行。

“千年挑战”。“千年挑战 2000”的实验内容是通用相关作战图像，实验方式为野战实验，2000 年进行；“千年挑战 2002”的实验内容是快速决定性作战实验，实验方式为野战实验，2002 年进行。

“多国实验”。“多国实验 1”，2001 年进行；“多国实验 2”，又称作“顶点影响”，2003 年进行；“多国实验 3”的实验内容是基于效果作战的计划，2004 年进行；“多国实验 4”的实验内容是基于效果作战的计划，2006 年进行；“多国实验 5”的实验内容是整体政府或全面方法，2008 年进行。

“城市决心”。“城市决心—2005”，内容是联合城市作战中态势感知的作用，2004 年进行；“城市决心—2015”实验，内容是联合城市作战空间的塑造实验，2005 年进行；“城市决心—未来”实验，内容是复杂的城市作战空间中稳定行动研究，2006 年进行。

“统一行动 2007”实验。内容是作战司令部级跨部门协调，2007 年进行。

“崇高决心”实验。“崇高决心 2007”，实验内容是本土防御与灾难救援，2007 年进行；“崇高决心 2008”，实验内容是非洲司令部建设与全球反恐，2008 年进行。

2. 实验部队及其实验

美军的实验部队，按照承担的实验任务区分，有三种不同的样式。一种是在实验中专门扮演敌军的角色，其任务类似于我军演习中的“蓝军”，美军称其为“红队”。另一种是军种实验部队，其职责就是完成由军种赋予的实验任务。第三种是作战司令部所属部队，这种部队绝大多数情况下，是以参加演习的方式完成作战司令部承担的实验任务。

(1) 红队

美军在演习中把自己一方称为“蓝军”，把敌方称为“红军”。实验中的红队，实际上就是扮演敌军的部队，其任务就是完全使用敌军的战略战术和武器装备，按照敌军思考问题的方式采取行动，以便实现实验中的红、蓝对抗，以此达成为实验提供支持的目的。美军十分重视红队建设，各军种都建有自己的红队，有些规模较大的作战实验室，甚至国防部长办公室也都建有自己的红队组织。其中，国防部长办公室的红队成立于 2001 年，成立的目的是为各作战司令部、各种先期概念技术演示活动、联合参谋部及国防部长办公室提供有关红队问题的支持。2003 年，该组织应国防部长办公室的要求，就红队的概念开发和评估框架等问题进行了研究，提出了有关红队建设的建议。通过成立的目的和承担的任务可以看出，国防部长办公室所属的红队，本质上是一个有关红队问题研究的科研机构，而不是一支真正意义的红队。

在美军中，规模和影响较大的红队，是联合部队司令部所属的联合概念开发和实验红队。这支红队自成立后，一直为联合作战实验和概念开发提供支持，在美军较大规模的几次作战实验中，如

“联合99—01”、“城市决心”和“统一追求”等，始终都是实验的重要组成部分，帮助开发和检验了快速决定性作战、基于效果作战、威慑行动和本土防御等联合作战概念。在“联合99—01”联合作战实验中，红队灵活运用“红军”的战略战术，不断调整和修改其运用战区弹道导弹的战术、技能和流程，降低蓝方的发现、信息传递和攻击能力，为“联合99—01”实验取得成功作出了重要贡献。而这次实验的框架也被确定为后续实验的基本样式。在“联合城市作战”概念开发实验中，红队除了完成扮演蓝军对手的基本任务外，还对蓝军的弱点进行了独立评估，对实验的6个城市作战概念的实用性、优点和缺点从不同视角，提出了独到的见解。在“统一追求”推演实验中，红队发挥了两方面的作用，一是扮演对手；二是针对蓝军的战术、技术和程序等问题提出反面意见。

美军的红队有两种样式，一种是与蓝军背对背的红队，也称作蓝军决策机制外的红队，其任务就是扮演蓝军的对手，通过红、蓝对抗，达到使实验或演习接近实战的目的；另一种是蓝方决策机制内的红队，它的作用是在蓝方设计行动方案时，从红方的角度加以审视和判断，确保行动方案能够更全面地考虑对手，从而使方案更接近实际作战情况，提高实验的可信度。

（2）军种实验部队

美军的军种实验部队，是指由军种指定专门从事作战实验任务的部队。美军在需要部队从事作战实验时，有两种部队编组方式：一种是使用固定的实验部队，即军种实验部队；另一种是根据实验任务的不同，抽调相应的部队组成临时性的实验部队。而军种实验部队承担的任务也有两种形式：一种是纯粹地承担实验任务；另一种是既要承担实验任务，同时部队本身也要发展成实验的目标部队。例如，美军第4机械化步兵师承担的数字化部队实验任务，一方面既要完成数字化部队的编制、作战概念、作战程序与技术等问题的实验任务，同时该师本身也要通过实验转化成一支数字化部队。

美军中，陆军的军种实验部队是第4机械化步兵师。该师承担了美军绝大多数数字化部队的实验任务，其中数字化排、连、营、旅等的实验和建设任务都由该师完成。美军最终的实验目标是把该师建成数字化师，由于美军后来的实验任务发生了转变，数字化实验与建设任务没有继续进行。空军的军种实验部队是第8航空队，该航空队是美空军进行的“联合远征部队实验”系列、“统一交战”实验系列，以及与其他军种联合进行的重大实验活动的一支重要参与力量。美海军的情况与陆军和空军略有不同。海军每个编号舰队都负有作战实验的职责。目前，美海军有第3、第4、第5、第6、第7、第10这6个编号舰队（其中，第10舰队负责网络空间作战研究，下面没有作战部队），海军一些重要的作战实验，例如舰队作战实验，一般都是在这些舰队间轮流承担的。因此，美军海军的舰队，既是作战部队，同时也承担军种的实验任务。

（3）作战司令部实验部队

美军的作战司令部每年都要进行与自身职责相关的实验活动，因而，作战司令部所属部队也都相应负有一定的实验任务，这些任务可能来自司令部本身，也可能来自国防部或参联会。下面是几个作战司令部典型的实验活动。

太平洋司令部的实验活动。“指挥控制演习实验”，实验内容是研究联合特遣部队司令部各级之间的信息流，如共同作战视图、空中任务程序和对火力的要求等，一年进行2次；“要点闪击战实验”，内容是探索大范围转播网技术，为联合特遣部队提供安全的战术通信网，有4个军种参加，与海军“舰队战斗实验－I”和海军陆战队“干练勇士”高级作战实验联合进行，2001年进行；“雏鹰”实验演习，与海军“舰队战斗实验－D”联合进行，内容是演示联接陆军火力和海军火力的控制系统的概念，1998年进行；“环太平洋演习”，是由7个国家参加的联合演习，内容为包含50艘舰船在内的大范围网络提供卫星通信，以提高联军作战能力，2000年进行；“金色眼镜蛇”演习实验，是与泰国和新加坡进行的联合演习，内容是帮助制定联军作战程序和建立网络，一年进行1次。

中央司令部的实验活动。“内部观察”实验，内容是试验可部署的联合指挥和控制设备，研究战区内部和战区与美国本土的通信方式和程序，2002 年进行。

特种作战司令部的实验活动。“全球反恐战争”实验，内容是反恐作战的概念。

战略司令部的实验活动。“抗击大规模杀伤武器实验”，内容是抗击大规模杀伤武器的技术、程序和方法实验，2006 年进行。

运输司令部的实验活动。“统一视界 07”实验，内容是联合兵力部署与全球分配程序实验，2007 年进行。

欧洲司令部的实验活动。“塑造联合作战中心”实验，内容是联合作战中心概念开发实验，2007 年进行。

此外，每个作战司令部每个年度都要进行自己的先期概念技术演示实验和演习，用于探索和改进各种相关的能力。

3. 学术与教学机构及其实验

美军作战实验在管理方式上一个显著的特点，就是作战实验机构并非都被设置在军队当中，作战实验也并非只有军队一家进行。很多军内外的科学研究与教学机构甚至民间的商业企业每年也都组织大量的作战实验活动，运用实验方法开展作战问题研究。如美军国防大学的战争模拟部，每年都结合教学任务开展国家战略、军事战略和军队发展战略问题的模拟实验活动。海军分析中心尽管是一间民间机构，但却是美军海军作战实验的重要参与者，美军海军每年的作战实验都积极寻求该中心在实验方案和实验结果评估方面的支持。其他一些参与作战模拟和作战实验较著名的非军队组织有：兰德公司、研究分析公司、国防分析研究所、斯坦福研究所、科学应用公司、约翰·霍普金斯大学应用物理研究所、巴特尔研究所、TRW 公司国防与航天系统组织、BDM 综合研究公司、矢量研究公司、综合电子公司、布兹—阿伦·汉弥尔顿公司等。美军学术研究与教学机构从事的作战实验或取得的实验成果如下：

国防大学战争模拟部。每年进行国家战略、军事战略和军队发展战略问题的模拟实验活动。

西点军校信息战分析与研究实验室。每年进行军校学员和教员关于信息作战的研究与实验。

陆军军事学院。成果有研究报告《什么是实验室》；“下一代陆军”战争对策仿真实验，实验内容是2020年的作战概念。

海军军事学院。“全球”战争对策仿真实验，研究在2010年世界两个地区发生潜在冲突的背景下，海军在联合作战中使用“网络中心战”的方法。

空军军事学院。系列“全球作战”战争对策仿真实验，验证未来10～15年联合航空与航天力量的潜在能力。

陆战队军事学院。系列的“艾丽丝计划”城市作战战争对策仿真实验，其内容是检验2020年的城市作战概念。

美国军事运筹学会。1999年3月作战实验专题研讨会，主题是研究确定在实验流程中如何应用精确分析，涉及联合作战实验设计、实施、分析及汇报等方面；2006年10月联合实验专题研讨会，主题是对联合实验进行精确分析，对作战实验方案进行研讨。

美国国防部指挥控制项目研究计划。出版了《作战实验实施指南》、《实验战役》、《军事实验实践》、《作战实验逻辑》等。

兰德公司。出版《改进高级作战实验分析》、《联合作战实验成功的要素》、《高级作战实验研究方法》等。

（二）作战实验实施的一般程序

美军作战实验实施的一般程序，包括作战概念开发、作战实验计划、作战实验实施、数据分析与撰写实验报告4个阶段。至于一项实验是否一定按照这4个阶段进行，要看具体情况而定。对于大型综合实验，由这4个阶段组成的单个实验可能是整个大型实验的一个过程，实验所取得的成果，如数据分析结论，或在实验中发现的问题，都可能作为下一阶段实验根据，进入大型综合实验新的循环过程，成为大型综合实验螺旋式上升的一部分。

1. 作战概念开发

作战概念是指对未来作战样式、所需作战能力的设想，它是未来部队建设、武器装备发展的根据。作战概念既是作战实验的基础，也是作战实验的重要内容，因此开发作战概念是美军作战实验一个至关重要的步骤。美军的作战概念分为顶层概念、综合概念、行动概念、功能概念和核心能力（使用概念）5 个层次，横跨这 5 个层次还有一个赋能概念，所以美军的作战概念共有 6 类（如图 2－1 所示）。

其中，顶层概念用于描述联合司令部或功能司令部在整个军事行动范围所使用的全部决定性的方法和手段。综合概念是顶层概念之下的多个下级概念，这一概念强调的是顶层概念中的某一个关键领域。行动概念是用于描述如何实施作战行动的概念，这一概念通常包括 2 个以上的功能概念。功能概念用于更详细地描述一体化概念或行动概念中的某一个主要部分，它聚焦于作战的一般任务或特定样式。功能概念包括了 2 个或多个使用概念。使用概念（核心能力）是描述如何使用特定的方法或实施特定的任务的概念。

美军的作战概念有些是宏观和内容宽泛的，如顶层概念和功能概念；有些是具体、详细和任务明确的，如使用概念。高层概念制约着低层概念，为低层概念提供“背景”。改变高层概念，低层概念就会随之相应地改变。美军开发这一概念层次框架，有助于对现有的概念进行分类和确定概念规定的任务空间，有助于各级提出明确的概念需求和理解未来联合作战的本质。美军作战概念主要来自 3 个方向：

一是来源于军种高层。美军军种开发作战概念的方法是，由军种部长提出部队建设的总要求，用于规划军种的发展方向，并作为概念开发和实验的基础，这种要求就是顶层作战概念。如海军部长确定的海军顶层概念是“21 世纪的海军”，空军确定的顶层概念是“联合远征部队”，陆军确定的顶层概念是“联合作战中的陆军”等。各军种的作战部门再按照军种的顶层概念，进一步开发出本军种的各级概念。如：海军开发了海上防护、海上打击、海上基地和网络化部队 4 个行动概念；陆军开发了 2 个行动概念、6 个功能概念、若干使用概念等。图 2－1 表示的是海军陆战队开发的各级作战概念。

二是来源于完成任务的需求。由任务需求产生的概念可以来自

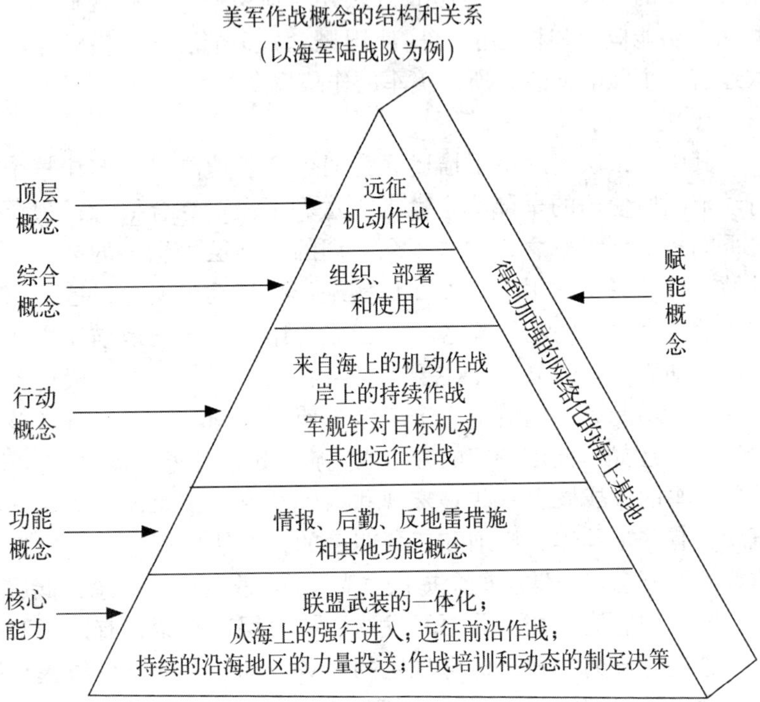

图 2－1　美军作战概念的结构和关系

多个方向，如国防部长办公室、联合参谋部、军种司令部等，由于作战司令部是承担美军不同方向具体作战任务的机构，因而这种概念很多都产生于各作战司令部。其中，联合部队司令部开发的“常备联合部队司令部—核心部队”的概念对美军各地区总部的建设影响最为巨大。对“9·11”恐怖袭击之后世界各地普遍出现的零散且持续不断的紧急事态，美军深切感到，动用大部队对这些事态作出反应显得非常笨拙和迟缓，而且也不值得。为了应对这一形势，美军联合部队司令部提出在各地区总部中建立联合特遣部队司令部的概念。旨在通过一个小型、且长期保持战备的常备联合部队司令部，及其领导的部队（核心部队）能够对紧急事态作出快速的反应。联合部队司令部通过一系列实验和演习，对这一概念进行了严格的测试和改进，最终获得了国防部长的批准。源于任务需求而提出的作战概念，还有中央司令部的“联合情报行动中心”、“全频谱效果平台”，北方司令部的“国土防御和民事支援联合作战行动概念”，太平洋司令部的“联合和联军部队的互操作能力”，特种作战司令部的“特种部队未来空间概念”，南方司令部的“空载传感器的丛林战概念”，战略司令部的“战区综合计划系统概念”以及运输司令部的“分布式环境支持系统”等。

三是来源于学术研究成果。美军的很多作战概念最初都是由学术研究机构提出的，后来才被军方逐步接受，变成军方正式使用的作战概念。如“网络中心战”的概念，最初是由美军海军中将塞伯罗斯在担任海军军事学院院长时提出的。他当时提出这一概念仅是作为一种学术观点，或是学术研究成果，并不代表军种，也与军队执行的任务无关。这一概念提出的时间，正值美军《2010 联合构想》出台不久，美军正急于找到一个新的作战概念引领联合构想提出的“主宰机动、精确打击、全维防护、聚焦后勤”4 种能力要求的实现，“网络中心战”这一概念正是契合了联合作战构想的要求，而且也得到了当时飞速发展的由“信息高速公路”引领的网络技术的支持。正是在这样的条件下，“网络中心战”这一概念迅速被美军各军种所接受，成为美军能力建设的基础性概念。像这类来源于学术研究的作战概念还有“信息时代的作战”、“基于效果作战”、“力量优势”和“敏捷组织”等。

2. 作战实验计划

作战实验计划是指为作战实验制定的行动方案，包括实验的设计、实验的实施方法、控制方法以及数据的收集与分析方法等。美军认为，作战实验计划制订的好坏将直接影响到作战实验的成败，因此对制订作战实验计划非常重视，通常要用整个作战实验时间的 40% 用于设计和计划作战实验（20% 用于实施实验，40% 用于事后分析和撰写报告），对于大型综合实验，则需要 12 ~ 18 个月的时间用于计划，并需要数百人实施。

(1) 成立实验计划组织

实验计划的关键是，实验问题如何从本质上满足作战概念的需要，解答作战概念真正关心的问题。为了满足这一要求，确保实验准备的过程始终走在正确的轨道上，美军通常要成立3个委员会，用于完成制订作战实验计划的任务。

一是初始计划委员会。该委员会的使命是详细地计划实验活动。为完成这一使命，委员会还根据任务和专业，把成员进一步划分成如下小组：概念开发、想定开发、实验设计、技术系统开发及实验评估和分析等。还可能根据需要，成立一些专门小组，如网络支持、特殊概念开发小组等。

二是主要计划委员会。主要计划委员会的使命是，检查初始委员会制订的实验计划，确认计划包含了进行实验所需要的所有工作。其具体工作包括如下内容：掌握实验准备中各种重大活动的进展情况；仔细分析和研究作战概念、战术、技术和程序，确保这些概念和程序适用于所有参与实验的组织或机构；检查实验开始的最后期限是否合理，并确认所有参与实验的组织或个人都知道了这个期限等。主要计划委员会本质上就是一个实验计划和实验准备的检查组，它的责任就是在实验前尽可能地发现实验中有可能出现的问题，并及早剔除那些问题。美军认为，尽管这样做有可能导致实验设计的改变，但是，在实验前就发现有可能出现的问题，并及早解决，总比在实验过程中发现问题临时处置要好得多。正因如此，美军规定，在制订计划过程，任何严重的不足在没有得到解决的情况下，都不应越过该委员会进入下一程序。

三是最后计划委员会。最后计划委员会的职责是：确认所有的实验准备工作都已完成；作战概念、战术、技术和程序已经分发，没有严重问题出现；技术开发正按部就班地进行，预期的设备和软件都已到位等。最后计划委员会也相当于一个实验准备检查组，负责检查和确认实验活动已经按照计划完成了准备。正是由于有3个委员会，确保了实验计划能够制订得细致、周全，确保了实验准备工作的一丝不苟，不出纰漏。

（2）作战实验计划的内容

美军的作战实验计划，包括明确实验问题、实验开始和结束时间、实验规模和类型、使用装备、参加人员、实验采用的技术结构以及数据收集计划等多方面的内容。

一是实验问题，用于回答实验要解决哪些问题，这是实验的基础。

二是实验规模和类型，用于明确实验采用的类型，如是有限技术评估实验、有限目标实验实验，还是高级作战实验等。实验规模要根据实验问题而定，一般原则是，对具体、有限的问题，采用有限技术评估或有限目标实验方式，而大型问题采用高级作战实验或嵌入野战演习中进行。有时对于一个有限问题，也可能需要设计一个高级作战实验来为有限实验提供背景；而有些大型、宽泛的问题，也可能采用小型的实验就可解决问题，这需要根据具体的情况而定。

三是实验装备，主要明确实验目的是为了试验一种装备，还是使用这种装备验证一个概念。如果是试验装备，则需要补充制订装备使用训练计划，以便实验人员在实验中能够熟练使用这种装备。如果是验证概念，特别是在实验中使用未来装备时，则需要说明用什么作为装备的替代品，或如何制作装备的替代品，以及实验人员如何熟悉这些替代品等。

四是参加人员，用于明确实验操作人员、控制人员、分析人员和技术支持团队的组成及训练计划等事项。通过训练使所有人员都对实验主题有深刻的理解，知道如何进行实验。如参演部队要学习如何执行实验程序、使用实验装备、完成实验要论证的工作以及被宣布为伤亡人员时如何处置等。观察员/导演部知道对实验控制中心发出的指令如何应对以及如何记录实验的进程等。控制人员、分析人员和技术支持团队还要理解在实验中插入研究活动的目的、研究的主题以及预期达到的目标等。为了确保参加人员对主题的理解不产生混乱，实验主题一旦确定，就要保持稳定，不随便更改。而且实验参加者也应保持稳定，这样可以节省对新加入者进行训练和预演的时间，有利于实验按照计划稳步地向深入发展，确保实验的连贯性和高效率。

五是技术体系结构计划，用于阐明实验的通信系统、计算机支持系统、网络系统、工作流程、数据库、模型和模拟等工作事项。制订该计划的目的是，确保技术团队在充分理解概念开发者和实验设计者需求的前提下，把各种系统综合成一个可用的实验环境。由于技术团队在实验中工作繁重，因此，计划必须保证他们有足够的工作时间。而技术团队也要尽可能早地了解实验设计者的计划和目标，以便及早开始技术开发。技术团队还应从自己工作的领域尽早识别出存在的风险，并在实验设计者同意的时间内加以改正，以使技术团队的工作得到主要计划委员会的确认。此外，组成实验环境的各系统必须得到校验、测试与确认，以便由系统组成的实验环境能够满足实验的需要，分析人员了解技术体系结构的强弱点，并恰当地确定分析范围。

六是数据收集计划，主要明确数据收集目标、数据收集方法、收集数据内容和数据收集人员等项内容。绝大多数情况下，美军的数据收集人员是实验观察人员，有时分析人员、设计人员和实验主题专家以及实验系统承包商等个别人员也可用作数据收集人员。数据收集通常使用自动数据收集系统、实验现场观察和向有关人员调查等几种方法收集。收集数据的内容主要有：任务组织和参演部队开始命令，部队的位置，交战系统射击、命中、脱靶及弹药消耗量；交战次数；各种日志，尤其是交战日志；以及决策数量和内容等。美军要求，数据收集计划应及早准备，以便在实验预演期间计划得到测试，以及所有实验团队对计划进行评审。此外，不应使用过多收集人员或收集系统，不应因数据过多和杂乱给分析带来不必要的风险，同时要处理好数据收集的全面性与收集效率之间的关系。

（3）对实验过程的推演

对实验过程的推演，是指在正式实验之前，对整个实验过程进行的预演或彩排，目的是发现实验计划中存在的漏洞，以便修改和充实实验计划；发现实验中可能出现的问题，提前制定解决预案；对没有实验经验的参与人员进行训练和教育。推演采用的方法通常有：

一是作战模拟法。就是把实验专家和军事行动参与人员集合在一起，使用作战实验简化的程序，提前进行简单的实验。目的是提前发现问题、识别实验的关键点，以及根据专家的意见对实验可能的新过程、能力、概念、组织和授权等问题提出解决办法。

二是研讨会法。这是对参与作战实验的高级概念开发人员和作战实验支援人员进行的有目的的训练活动。

三是教育式讨论法。这是一种由一系列会议组成的研讨式教育活动，目的在于促进与会者之间或各小组之间的信息交流。这种方法与前面的研讨会法的区别在于，研讨会法强调的重点在于对人员的训练，而讨论会法的重点在于强调对问题的解决。美军特别重视对实验过程的推演，认为这是提前发现问题，确保实验高效、顺利进行的关键，因而，把提前的推演确定为实验的一个重要阶段、制订作战实验计划的一个重要过程。

3. 作战实验实施

美军实施作战实验，正常情况下最多占整个实验时间的 20%。在此阶段，实验管理团队主要监督 2 项工作，确保实验达成目标。一是作战实验控制；二是作战实验数据收集。

（1）作战实验控制

作战实验在实施过程中，有可能会发生偏移，超出实验设计确定的范围，此时，实验管理团队就要转变成控制人员，对实验进行控制，以确保实验按照计划向前推进。控制的内容主要有：监督操作人员每日输入的信息、监视实验的进展；向实验主管提供反馈信息，对实验作出必要的改变，确保实验达成目标；与分析人员和实验主管一道，对实验中发生的变化作出军事上的判断和科学上的客观分析，确定变化的因果关系等。

（2）作战实验数据收集

数据收集是作战实验数据分析的基础，是实验设计和实验计划的根本要求。实验期间的大多数活动都用于收集实验设计/计划要求的准确数据和完全数据。由于数据收集成功与否，决定了数据分析的质量，并通过数据分析，决定了作战实验的成败，因而，实验主管必须确保数据收集满足实验设计的要求。数据收集通常由观察员、分析员或通过模拟系统、数据收集工具等综合完成。

数据收集计划通常在制订计划阶段完成。分析人员应当在计划中提出数据收集需求，明确数据分析方法。数据收集人员应当进行数据收集预演和试验，以确保数据收集方法的有效性。收集方法主要有：

一是问卷/调查收集。该方法使用一目了然的表格收集数据，具有收集数据范围广、适用各种样式的作战实验、简单清楚、方便易行的特点，因而在各种实验中被广泛使用。问卷/调查法可使用于作战实验实施的整个过程。实验开始之前的问卷调查，一般用于收集对实验系统和程序的看法，对支持实验的系统和程序的看法等信息，以便据此提出改进意见。这类问卷调查通常提供给实验管理者、控制人员、高级概念开发人员和实验分析等人员，因为这些人能站在较高的高度对实验提出一些整体看法和对实验系统、程序的不同见解。

实验过程中的问卷调查应当仔细设计，以便在恰当的时间向合理的人提出正确的调查问题，确保被调查者有充足的时间理解问题，完成回答，从而保证调查的质量。有些数据，可以在实验的任何时间，通过问卷调查而获得，以便评估参加者对实验的了解情况。采用问卷调查收集数据应当注意的问题，就是一定不能因收集数据而影响实验的正常进行。此外，所提问题一定要意义明确，无歧意，或者要进行适当解释，以便被调查者能够充分理解。如果条件允许，还要对调查问题进行预先试验，检验是否会产生误解，以保证数据的质量。

美军在实验中也经常使用一些数据收集工具，如数据收集与分析工具，完成问卷调查式收集数据工作，极大地减少了收集人员的工作量，也为被调查者提供了便利。

二是自动化系统收集。美军在有些作战实验中使用自动化的数据收集系统收集数据。例如，数据装载机就是一个在实验中经常被使用的、典型的数据收集系统。实验时，该系统把所有引入的信息收集到全球指挥控制系统中，把它们写成一个文件，并为研究这些文件提供一个分析工具。这一系统还同录像设备、阴极射线管显示记录器和计算机化的系统数据带共同配备到诸如军舰或大型飞机等作战平台上，用于收集声音影像等信息。使用自动化系统收集数据需要注意的问题是，实验人员必须精心研究收集哪些数据，防止系统的信息过载；此外就是要为收集数据的每个系统设置好同步时间，以便收集的数据可以进行对照。

三是观察员收集。观察员一般是实验中某一领域的专家，或经过培训掌握了观察员技能的人员，有时高级和资深概念开发人员也可充当观察员。观察员通常使用与参加实验人员交谈、音频和视频、电子聊天等方法收集数据，而且，必须在不介入实验操作的情况下进行收集。收集数据的内容主要有：记录实验进行的时间和参加人员、进行的工作、发生的重要事件、值得注意的行为和其他值得记录的事件等。为了有效进行数据收集，在制订实验计划时，就应当对哪些观察员记录什么数据、在什么时间记录以及怎样记录等问题给予确定，以免记录的数据遗漏和重复。此外，在使用音频、视频和电子聊天等方法收集数据时，由于事后仔细检查这些记录需要大量的时间，因此，对使用何种方法，必须仔细考虑和权衡。

四是利用会议收集。这些会议包括每日的协调会、实验方向调整会、实验评估会、各种阶段性计划会等。由于大型实验，还有概念开发会、最初的计划会、主要的计划会、最后的计划会以及概念开发会前的准备会等各种会议都经过了长时间准备，用陈述报告形式表达的各种思想和观点也经过了认真详细的整理，因此这类会议是收集数据的极佳场所，收集的数据也极具价值。此种方法收集数据需要注意的问题，就是收集人员必须经常与计划人员进行沟通，提前了解会议的时间和主题，以便进行有针对性的收集准备。

五是远程电视电话会议和分布式协作工具收集。这是分布式作战实验经常使用的两种数据收集方法。远程电视电话会议可使实验人员通过口头讨论进行信息交流，因而更易于表达思想、意见和观点，可以在短时间内收集到相关信息。分布式协作工具收集一般在准备实验期间使用。这种方法类似于聊天工具，可以把文件发送给其他人员进行观看和评论，编辑一般性文件，向所有人发送信息进行观看和执行相关活动等。这种方法的优点是简单易行，可以在一个地点收集到分布在其他地方的实验数据。

4. 数据分析与撰写实验报告

数据分析、对实验做出评估、撰写分析报告，并把分析报告上报、出版和发行，是作战实验不可分割的一部分，也是体现作战实验价值的一种方式。

（1）数据分析

美军认为，数据分析是实验的重要组成部分，是实验取得成功的一项必要条件。数据分析的目的，是对实验的问题，即实验的因果假设是否一致作出合理的解释。实施数据分析的根据是作战实验计划。分析采用的形式通常有讨论会（或远程电视电话会）和工作组两种。如果实验得出的数据是线性关系，通常使用通用线性模型进行分析。其中的变异分析、多次回归分析和相关性分析等，都是通用线性模型中常用的方法。如果实验数据是非线性关系，则要根据具体的分析需要灵活采用不同方法，一般做法是使用各种转换工具，把非线性数据转换成线性关系，然后利用通用线性模型进行分析。

上面所列内容只是数据分析的一般性要求，其中，根据实验计划，特别是根据制订计划依据的实验目标进行数据分析，是数据分析人员必须注意的问题，因为对一个组织形式、使用人员和装备完全相同的实验，如果实验的目标不同，分析的结论就会走向完全不同的方向。例如，2000 ~ 2002 年期间，美军海军分析中心、海军战争学院所属战争分析和研究部与澳大利亚军队的作战实验人员一起，在 ThoughtLink Inc 公司的技术支持下，共同实施了有关共享战场态势感知的兵棋推演实验。实验目的是探索网络中心战环境下的共享态势感知特别是技术如何影响共享态势感知的问题。实验有 6 个小组参加，每个小组分别使用不同的传感器发现快速移动的目标，并按照不同的顺序采用不同的协作工具（电话、文本聊天、共享的可视化工具）进行沟通。实验共进行了6个轮次的推演，收集了大量的实验数据。实验之后，海军分析中心从通信模式和共享可视化工具的效果的角度对实验进行了分析，海军战争学院战争分析和研究部则从指挥样式和“推进式”可视化机制的使用的角度对实验进行了分析，并分别得出了各自的实验结论。若干年后，澳大利亚作战实验人员出于研究网络中心战作战原则的需要，从人的因素对网络中心战的影响的角度，重新对本次实验的数据进行了分析，并得出了人的因素（专业精通和使用技术能力强）比任何技术因素对完成任务都有更大影响的结论。依据这一分析结论，澳军在参照美军网络中心战4个基本原则的基础上，自己又增加了另外2项原则，即专业精通对网络中心战至关重要和任务式指挥仍将是未来有效的指挥方式。可见，对于一次相同的实验，如果分析的方向不同，就会得出不同的实验结论。这一点数据分析人员必须有明确的认识。

（2）实验评估

美军认为，实验评估是指对实验作出的最后评价。它是作战实验重要的组成部分，是将知识转化成能力的重要步骤。实验成果的意义、实验中的意外发现，通常都由实验评估来实现。所谓意外发现，是指在没有计划的情况下，实验评估人员意外获得的有用信息。这些信息如被有效运用，将对部队建设或作战能力提高产生巨大作用。例如，分析人员注意到，在美军海军陆战队作战实验室城市作战实验中，海军陆战队员们大多数情况下都是在准备进入建筑物时被对手“干掉”。针对这一意外发现，评估人员经过分析认为，是海军陆战队城市训练的方法存在问题。据此，海军陆战队修改了训练计划，采用了新的训练手段，并组织了附加的作战实验，专门对新手段进行分析研究。通过采用新的训练手段，海军陆战队员在进入建筑物前就被“干掉”的现象明显有了改观。

实验评估有时也称作实验分析，它与数据分析的区别在于：一是二者分析的内容不同。数据分析主要用于分析从实验中收集来的数据，其结果是形成数据分析报告。而实验评估是以数据分析结论为基础，对整个实验作出评价，其结果表现形式是实验报告。二是实施分析的人员不同。数据分析人员是专职从事分析的技术人员。而实验评估人员是实验设计人员，其中有很多军事人员参与。特别是实验报告要由军事人员撰写，而数据分析报告由数据分析人员撰写。三是分析方法不同。数据分析通常采用线性模型分析，是纯粹的定量分析。而实验评估一般采用讨论的方式进行，是以定性分析为主、定性定量相结合的分析。

实验评估一般由实验设计人员，或部分设计人员和部分军事人员共同完成。由于实验成果有时是定量的，如伤亡人员的数量，有时是定性的，如使用了夜视器材后对夜间行动能力的提高，因而实验评估要采用定性与定量相结合的方法完成，其评估形式通常采用首先分组讨论，而后集中讨论的方式进行。这种方法的好处是，分析人员可以比较他们各自评估结果的差别，并通过讨论这些差别，发现实验存在的问题，或获得意外的发现。实施实验评估应注意的问题：一是在分组或集中评估时，评估人员必须有足够的时间，而且不要受外界思想或观点的影响，特别是来自“上级”的观点的影响，以便得出独立的评估结论。二是充分发挥军事人员的作用。这是因为，技术人员由于缺少军事知识和军事背景的先天不足，决定了他们不敢、也不能对实验作出明确的结论，他们经常使用的语言是“如果……”“或许……”“可能……”，这样就影响了实验结论的可信性。部队军官由于没有这方面的顾虑，因而在分析人员向他们介绍清楚分析结论之后，他们就可以结合自己的军事背景，对实验作出明确结论。正因如此，作为实验结论的实验报告要由军方人员撰写。

(3) 撰写报告

美军的作战实验结束后，通常要撰写两份实验报告，一份实验初步报告和一份详细的实验报告。初步报告通常以简短公文或简报两种形式撰写，目的是向实验高级领导者报告实验的初步结论，并作为详细讨论实验结果的框架。撰写初步报告注意的问题，就是一定不能为了迎合实验发起者的喜好，急忙宣布一些令人震惊的重大发现。因为当详细分析完成时，这些重大发现可能需要调整，甚至有可能要作全部的修改。因此，报告实验初步结论一定要保守，这一点非常重要。

美军认为，作战实验不是演习，它的价值不在于使参与者得到训练，也不在于使实验人员进行学习，它的全部价值都体现在最终的详细报告中。这份报告不仅要阐明实验的结论，而且要描述大量的实验细节，内容包括：一是作战实验要回答哪些问题，这些问题为什么重要；二是作战实验为什么能回答那些问题，以及如何回答那些问题；三是参加作战实验的人员、时间和地点，实验是如何管理的；四是实验中发生了什么情况，详细描述每个事件的细节；五是实验结论，用于回答实验设计提出的诸多问题；六是观察结果，用于阐述从实验得出的重要发现；七是对未来实验的建议，这部分可根据实际情况决定是否撰写。

撰写详细的实验报告需要注意的问题：一是尽管只有极少数人关心实验的所有细节，但报告必须详细描述这些细节。这是因为：描述细节不仅是为了完成实验分析，更重要的是为未来进行相似的实验提供借鉴，也为进行更深入研究的类似实验提供基础；描述细节可以消除读者对实验结果的怀疑，增加实验结论的可信性。二是如果实验产生的数据并没有支持实验假设，或根本就没有产生数据，这种情况也要如实报告结果。任何为得出希望的结论而篡改数据，或武断地得出结论的做法都必须得到制止。

（4）实验报告的出版和发行

美军认为，作战实验报告除了报告上级，进行标示保存外，还要出版发行，这也是实验的一部分。出版实验报告的目的在于，它可以为正在从事相似实验的人提供借鉴，也可为后来开展类似研究的人提供参照或基础，因此，把实验报告出版实际上也是在增加实验报告本身的生命周期。出版和发行应注意的问题：一是实验必须有价值，必须对同行或后来者产生有益的影响；二是对那些出于保密等原因不便出版发行的报告，应当以简报的形式出版一份类似原报告的通报，目的是让同行或感兴趣的人知道本次实验，如果他们对实验结论有需要，就可申请查看原报告，了解相关结论。这样做同样可以达到延长实验报告生命周期的目的。

思考题：

1. 美国国防部、参联会、军种和作战司令部在作战实验中分别承担什么职责？

2. 美军实施作战实验的机构有哪些？举出各机构组织的1~2个典型的作战实验活动名称。

3. 美军实施作战实验的一般程序包括几个阶段？简述每个阶段的主要工作内容。

第三讲　美军作战实验技术方法

作战实验是多种技术方法的综合运用。运筹计算、建模仿真是美军作战实验中常用的技术方法。近30年来，信息技术的高速发展和广泛应用为美军作战实验提供了有力的技术支持和实践条件。

一、运筹计算

运筹计算主要是对各类军事问题按照军事运筹学的思路和方法进行决策优化，其应用可涉及军事战略、国防科技发展、作战研究、后勤管理、武器装备论证等方向。运筹计算的方法有多种，包括概率论与统计学方法、数学规划理论（有线性规划、非线性规划、整数规划、动态规划、多目标规划等不同理论）、决策论、排队论、库存论、网络分析、对策论、搜索论、武器射击运筹理论、兰切斯特方程等多种方法。

随着信息技术在军事运筹领域的广泛应用，运筹计算为军事决策提供了更快捷可靠的技术手段，成为美军作战实验的核心技术和功能手段之一。美军运筹计算手段和方法主要应用于战略机动与部署分析、战区战役分析、作战行动分析、采购问题分析和兵力结构分析等领域。

（一）战略机动与部署分析

美军战略机动与部署是指跨洲输送或部署物资和人员的军事行动。战略机动与部署主要有空中、海上运送和通过船只提前预置物资到达3种模式。每一种运输模式都有其优长和不足：空运机动速度快，但在大规模部署中，体积庞大的物资不适宜采用此种机动；

海运成本低廉，可运送大量物资，但速度相对较慢；战略预置需要综合考虑如何利用空运的快捷优势和海运的大体积运送能力。

美军各军种有各自的研究部门从事战略机动分析，根据空运和海运分析的需要组织开发了相应的模型、工具和数据。

1. 战略机动模型和分析工具

经过长期建设和实践，美军已拥有一批战略机动模型，以及用于建模和分析的工具。

机动分析平台：该平台拥有多个模型和工具，主要包括空中和海上战场部署模型、战区内后勤支持的增强型工具。分时段兵力部署数据编辑器、维持发生器、交互式的信息处理工具等。

空中和海上战场部署模型：该模型是从获取点对点部署的角度来确定战略部署时间表的模型和仿真系统。

运输建模工具：该工具包含建模工具和仿真模型，用于评估机场和港口的运输能力。空港和海港工具包含两个快速分析工具和一个详细的港口仿真模型。这些工具的运行都需要港口的详细数据和运输计划。

联合运输流程和分析系统：美军运输司令部和联合计划部门运用该系统来进行运输分析。开发作战计划时，计划制订者利用该系统来分析运输部分是否可行。在“伊拉克自由行动”中，美军还曾使用该系统来制订计划。该系统的核心作用是预测运输需求、分析行动过程。

快速分析工具：该工具利用现实中的可用数据和计划中的要素来进行快速分析和评估。在运输分析中，有一些模糊变量，包括空中编队的规模、部署力量规模、需要处理的危险等级以及可用的基础设施等。

机动分析支持系统：该系统对复杂的空运问题进行分析。该系统已经支持了许多不同类型的研究项目。目前，美军已研制出其升级换代产品，即空中机动行动仿真系统。

组合空中加油与调度系统：该系统根据飞行时间、加油机数量和类型、载油量以及航程来对加油机数量进行需求优化。借助该系统，可制订从支持一架加油机到支持整个兵力部署所需加油机的计划。

增强型战区后勤支持工具：该工具可实现从运输的始发点到装载和卸载点，一直到运输目的地的全过程分析。

港口仿真模型：该模型用于详细分析港口区域的行动，为高层次模型提供运输信息和机场资源分配方案。

2. 数据内容

战略机动分析所需的数据主要包括投送任务数据，投送平台数据，以及港口数据3类。

投送任务数据：主要包括人员、装备、物资，以及运输过程中各中间环节的有关数据。在没有具体投送任务数据的情况下，美军通常以所运送物资的重量或面积进行折算处理。

投送平台数据：对于战略机动而言，投送平台包括空运平台和海运平台。其中，空运平台建模所需的基础数据包括：飞机类型，有效载荷限制，大号、特大号、超大号货物的有效载荷限制，飞机速度，计划每天飞行时数，跑道长度，起降能力。海运平台的基础数据包括：船只类型，船的长度、宽度、航行速度等属性。如果是预备船只，还需要该船只准备就绪所需的时间，以及船只到达港口所需的时间总和。

港口数据：包括对投送平台有影响的港口属性数据，如吞吐能力、行动时间、燃油约束以及其他影响能力等重要信息。通常按航空港和海港分别给出。

航空港的有关数据包括：机场任务信息，如机场是否能支持中途起降任务，能否作为某种建制机型的停靠基地；机场基础设施的吞吐能力，主要指机场能停靠和起飞飞机的最大值；某种机型的地面驻留时间和驻留期间的消耗，这取决于飞机为何及如何使用机场、行动时间、燃油约束、机场起降机型的限制等等。如果详细分析机场吞吐能力，还需要更详细的数据。如果对航空港的装备等进行建模，则还需要各种装备的数量、类型，装备的故障率和修复率、运载量等能力数据。如果对机场的燃油系统进行建模，还需要油料罐或车的存储体积、注满时间，燃油再供率，转换率等数据。对于随机分析，还需要飞机在该机场行动的故障率和修复率，允许处理危险物品的通道及其通行能力，货物容积与尺寸等。

海港的有关数据包括：码头的长度、最大设计容量，可停泊舰船的数量和类型，航道草图，海港的各类物资日吞吐能力，允许和不允许哪些舰船进港，与航空港之间的交通状况等。如果是建立详细的海港模型，还需要更多数据，包括：港口内各段各区域的运输能力、卸载装备、码头的建筑材质等约束条件，运输工具的分段能力与约束、仓库容量、港口大门的通行能力等等。

3．机动方程

战略空运机动方程和战略海运机动方程是美军众多相关分析模型和分析工具的数学基础。基本的空运或海运机动方程有助于美军分析并解决投送时间限制等问题。

（1）战略空运机动方程

美军战略空运机动方程是一组与战略空运机动能力有关的计算公式。首先计算每架飞机乃至每个编队进行空运的日吞吐量，然后计算每个可用机场所需的基础设施能力，最后根据每天可用航线上的机场限制计算编队的实际吞吐量。具体包括：

$$T_{flying} = \frac{S_{flying}}{V_{flying}}$$

上式中，T_{flying}是每架飞机往返飞行一次所需的飞行时间，S_{flying}是往返一次的总飞行距离，V_{flying}是飞机的平均飞行速度。

$$T_{stay} = T_{onload} + n_{enroutes} \times T_{enroutes} + T_{download}$$

上式中，T_{stay}是每架飞机往返一次的机场驻留时间总和，T_{onload}是飞机在机场装载物资所用的时间，$n_{enroutes}$是往返飞行一次所需的转场次数，$T_{enroutes}$是每次转场时的地面停留时间，$T_{download}$是飞机在目的地卸载物资所用的时间。

$$RTC_{day} = Min\left\{\frac{24}{T_{flying} + T_{stay}}, \frac{R_{use}}{T_{flying}}\right\}$$

上式中，RTC_{day}是每种类型飞机的日往返周期，R_{use}是这种飞机的使用率。

$$S_{eachdailythroughput} = RTC_{day} \times L_{payload}$$

上式中，$S_{eachdailythroughput}$是每种类型飞机的日投送量，$L_{payload}$是每种飞机的有效装载量。

$$S_{fleetdailythroughput} = S_{eachdailythroughput} \times n_{aircraft}$$

上式中，$S_{fleetdailythroughput}$是一个飞机编队的日投送总量，$n_{aircraft}$是该编队拥有的飞机数量。

$$P_{airfield} = \frac{\dfrac{RTC_{day} \times n_{aircraft} \times T_{stay}}{24}}{e_{que} \times n_{enroutes}} = \frac{RTC_{day} \times n_{aircraft} \times T_{stay}}{24 \times e_{que} \times n_{enroutes}}$$

上式中，$P_{airfield}$是一个或一类机场的最大吞吐能力，e_{que}是飞机在机场的排队率。

$$P_{fleet} = \frac{Min\{P_{airfieldup}, P_{airfieldenroute}, P_{airfielddown}\}}{MOG_{highest}} \times S_{fleetdailythroughput}$$

上式中，P_{fleet}是一个飞机编队的日吞吐能力，$P_{airfieldup}$是装载机场的吞吐能力，$P_{airfieldenroute}$是转场机场的吞吐能力，$P_{airfielddown}$是卸载机场的最大吞吐能力，$MOG_{highest}$是要使飞机编队实现最大潜力机场所能提供的最大能力。

根据以上空运机动方程，美军运输司令部的分析人员开发了一套相应的快速分析工具，用于对陆军试验旅的闭环投送进行分析。

美军在运用战略空运机动方程中，还需要使用一些基础数据，包括：战略空运编队的计划参数，包括飞机数量、飞行可用率（每天飞行时数）、有效载荷（每天运送重量）、平均速度（公里/小时），以及在装载、途中和卸载时地面驻留时间；飞机往返飞行的飞行距离和时间，包括在装载、途中、卸载各段所需的时间；机场各种基础设施对战略空运的约束条件，如机场允许同时起降飞机的架次。

美军的战略空运机动方程需要设定若干前提条件，例如：假设编队随时可用；具备在机场基础设施约束下最大（多）货物的投送能力，这表明在装载点有足够多的货物可以装载，根据机场和货物情况对空运能力进行按比例分配等。

（2）战略海运机动方程

海运不同于空运，由于美军承担海运任务的船只类型和所运送货物的种类太多，无法也无需计算每艘船的日平均运货量。

美军海运机动方程比空运机动方程直观简单，主要包括：

$$一次往返航行所需时间=启动时间+装载时间+\frac{航行距离}{航行速度}+卸载时间$$

每个周期的兵力投送时间 = Max（所有在运船只每个周期所需时间）

每个船只的装载货物量 = 船的总容积 × 装载因子

总货运量（重量或体积） = ∑（所有船只的货运量）

美军在运用战略海运机动方程中，还需要使用一些基础数据，包括：海上编队的基本参数（包括每种类型船只的数量），船只的基本参数（含船只是否进行自我补给、船只容量、速度等），海运航线距离，是否穿越运河，驻地或目的地港口特性等。

美军的战略海运机动方程需要设定若干前提条件和条件数据。前提条件，例如：船只与起运货物及驻地港口、卸载港口均可用；待装载货物充足而无需等待补货；船只准备就绪、随时可以执行任务。条件数据，例如：货物装载和卸载港口的容量；不同类型船只的启动时间；船只启动后到达首个装载港口的时间；每种船的装载因子；有多少比例的货物适合集装箱运载；在装载港和卸载港之间的航行天数；在港口进行无货行动（如引水、进入船坞，加注燃料、油料等）所需的停泊时间；在卸载点避免拥塞而等待的船只数量等。

（二）战区战役分析

战区战役分析是对作战目的、方法、手段、代价或风险、空间和时间等作战计划制订中必须重点考虑的因素进行分析，为实现战略或战役目标提供决策支持。美军的战区战役分析涉及军事行动的各个阶段，这些阶段包括动员、部署、兵力使用、重新部署和保障等。

1．分析内容

美军将兵力动员、兵力部署与投送、兵力使用、保障、部队轮换等问题都纳入战区战役分析的范畴。

（1）动员类问题

动员类分析主要关注转运能力、部队动员、动员能力分析等问题。

转运能力分析：此类分析的模型和算法并不复杂，数据容易获得，转运模型中相关参数的设定基本可直接参照实际业务系统。

部队动员分析：此类分析关注指定部队在做好部署准备之前所需的时间和动员站，以及为该部队作好部署准备之前而设定的相关工作流程。这类问题可结合美军的转运能力分析模型和分析方法，并根据具体问题使用线性规划模型或网络模型进行计算。

动员能力分析：此类分析关注的是单项、多项或由单项组合而成的动员能力。美军目前用于分析此类问题的模型工具有两个。一是动员能力评估模型（MOBCEM），用于仿真分析当前和酝酿中的陆军动员体制执行情况。仿真可以表现单兵和部队从其家乡动员站到登船的港口（或登机的航空港）之间的动员情况，记录完成动员过程所需的时间和各种相关资源，分析评估动员政策是否需要修订、动员实施过程的效果，并为战区战役分析提供所需的动员数据。二是陆军战场需求评估工具（SABRE），用于分析动员部队是否满足需求，发现部队在哪些方面能力不足，为弥补这些不足制定出相应的改进措施，并形成清单。

（2）部署与兵力投送类问题

部署与兵力投送类分析主要关注部署所需的时间和所投送部队的数量，可进一步分为以下 3 种类型：

前沿部署：指把一支部队（包括人员和装备）部署到美国本土之外的某地。前沿部署问题涉及部队的类型和规模，部署目的地，以及如何尽快发挥作用，满足部署应急需求等。

前置：指把各种物资备料（如车辆、飞机或设备等）部署到美国本土之外的某个陆上军械库，或者预载在船上。类似于前沿部署分析，前置问题也可用于分析所需物资装备的种类和数量，应部署在何处，以及如何才能将这些它们尽快交付使用，以满足部署部队的需求等。

空中和海上战略机动：指把部队从装载的机场或港口机动到责任区内的卸载机场或港口。分析的典型问题是：在指定的战略机动运输资源（包括空中和海上）条件下，确定如何才能尽快把某支部队投送到目标区域；需要多少运输资源可确保在给定时间内，把指定部队交付到责任区；指定部队和一定数量的运输资源，如何确定最佳机动计划等。

（3）兵力使用类问题

兵力使用类问题主要关注为达成国家军事战略目标，成功实施作战行动和非战争军事行动所需的部队数量。美军在研究此类问题时，通常需要解决 5 个问题：一是确定为达成预定的战略或战役目标，所需的部队及其编成（陆地、空中和海上部队混合编配）；二是针对指定的部队编成，确定最佳兵力使用方式即行动方案；三是在指定部队编成和兵力使用的条件下，评估为达成阶段性目标或整个作战行动的目标，所要承担的风险，与之相关的成本（包括人员伤亡和装备物资损耗）以及所需的时间等；四是战区导弹防御问题；五是与化学、生物、放射性与核武器有关的作战行动问题。

（4）保障类问题

保障类分析主要关注为维持部队兵力而使用的支援部队的规模和类型，支援作战的分类供应需求（包括种类和数量），以及所在国对支援部队或分级补给所能提供的支持。

（5）部队轮换类问题

部队轮换类分析主要关注两个典型问题：一是分析各时间长度内，在部署时间长度和所需力量之间如何进行平衡，寻找最佳折中点；二是分析为某次特定应急行动而进行的部队轮换，将如何影响部队的整体反应能力。

2．分析方法

战区战役分析中使用的方法通常根据需要解决的具体问题而定，

一般分为标准方法和扩展方法。

(1) 标准方法

标准方法是针对已有的备选方案进行分析和比较，帮助决策者从给定的若干个备选方案中找出最佳方案，或者当时间有限时，要求分析人员对考虑中的选择方案进行有限分析。

在具体实施分析时，标准方法通常对问题中的多个变量进行逐个研究。即通常一次仅观察研究一个变量，而把所有其他变量按照常量进行处理。这样可以比较清楚地分析出每个变量对方案整体效果的影响。例如，在用标准方法研究大规模战区战役的部队结构问题时，将部署流程、部队结构面临的各种威胁、己方和敌方的作战意图以及目标等作为常量。

标准方法常用于分析行动方案。分析人员分析和比较一组供选择的行动方案，对制定战区战役军事决策提供支持，达成战役或战略目标。通常的做法是：战役计划人员按照可行、适合、可接受 3 个不同程度制定出 3 个行动方案并对这些方案进行分析和比较，从中挑选一个值得推荐的方案；分析人员使用标准方法对这 3 个方案进行分析，并从中挑选一个最好的（值得推荐的）行动方案。

(2) 扩展方法

扩展方法不同于标准方法，它是分析并制定可供选择的方案，即需要通过分析提出备选方案，其工作内容比标准方法明显增多，对分析人员的挑战也显著增加。采用扩展方法时，往往需要分析人员与计划人员协同工作，共同制定备选方案，最后由决策者来判断哪一个选择方案最佳。

在标准方法中，关于某一变量的备选方案可能是具体明确的。扩展方法面对更多不确定性，需要考虑涉及一个或多个变量的可选方案。例如，作战指挥官可能有若干个涉及不同作战概念的行动方案，或者可能希望考虑一些针对己方所面临威胁而进行作战的可选方案，或者希望分析使用大规模杀伤性武器将会对己方部队的部署流程产生什么影响等诸如此类的问题。

针对扩展方法，美军通常使用战略—战役决策树工具进行分析。

从作战的观点看，分析问题就是进行一系列决策，而每一项决策都有几个可选方案。对分析而言，问题则是若干决策和机会节点中的一个，这些决策和机会节点都有各自的选择方案和可能性。军事指挥人员可影响并增加选项，使之成为带有多个备选方案的决策点；那些作战指挥官不能影响的决策则变为带有多种可能性的机会节点。扩展方法使用战略—战役决策树的关键，就是仅聚焦于作战指挥官或更高级指挥官所作出的那些关键决策。

创建战略—战役决策树主要有 4 个步骤。分别是：首先明确指挥官要进行什么决策，有哪些可选方案；其次找出对指挥官决策的影响和相关选项，将其变为决策树中的机会事件节点（威胁决策）和可能性（威胁选项）；然后指出属于作战指挥官权限范围内的决策和选择方案；最后将所有决策按照逻辑和时间顺序排成序列。

3. 分析工具

针对战区战役分析中的不同类型问题，美军开发了相应的分析工具。

（1）部署类分析工具

美军常用的工具有 3 种。

机动平台分析工具：该工具用于对国防运输系统进行点到点的模拟。该系统允许用户对运输和后勤模型进行快速设置、调整和扩展，可支持计划分析、对抗模拟和演习、实施、计划改进和成本核算等。

全球部署分析系统：该系统借助网络结点数据库、传输连接、转换设备、车辆运输资源和输送需求等，进行从起点（装载点）到终点（卸载点）的计划、日程规划和多种样式运输的模拟和分析。

联合运输流分析系统：该系统为美军运输司令部和联合计划部门提供多种运输分析，用于明确运输需求、分析运输行动方案，概略描述空中、陆地、海上部队和装备运输过程等。

（2）兵力使用类分析工具

美军常用的模型有 5 个：

概念评估模型：该模型是陆军使用的战区战役仿真模型，主要用于在战役—战略级对常规、联军和联合作战行动进行分析。这是一个确定性（注：确定性，是指在计算的每一步只允许不超过一种活动）的仿真模型，可表示双方陆战旅和营这两级的规模。该模型可模拟并计算战区内部队的有效性，还可计算在给定作战部队的条件下，弹药、设备和人员的需求。

联合一体化应急作战模型：与概念评估模型类似，该模型也是战区战役仿真模型，用于在战争的战役—战略级对常规、联军和联合作战行动进行分析。该模型可模拟全球范围的战略机动行动，也可模拟多个战区同时进行的作战行动。它主要表示旅和师一级的战区战役，还可用于模拟灵活的部队结构以及指挥控制。该模型非常适用于对非传统的想定或新概念（如转型问题等）进行分析。

综合战区交战模型：该模型是一个高度可视化的交互式作战仿真模型，包括空中、陆地和海上作战的交战模块，可用于分析战区级战役中的联合部队作战行动。该模型对海军的描述最多也最为详细，对空军次之，对陆军部队则很少。

空军战区级战役仿真模型：这是用于开发作战概念和作战原则，支持空中战役的仿真模型。可用于对固定翼飞机支援空军部队作战中多种交战规则进行研究分析。

战术作战模型：该模型是战区级联合作战仿真模型，用于模拟在常规和化学作战环境中，战略和战术部队之间如何相互影响。该模型主要针对旅或旅以上部队，在得到空军或海军部队支援情况下所面临的冲突问题。

（3）保障阶段类分析工具

美军主要使用一个系统和一个工具。

战区管理和后勤支援部队分析仿真系统。该系统用于分析计算为参加战区战役的部队提供支援所需的各种后勤保障方面的工作量，并生成部队结构。该仿真系统可用于任何形式的部队计划模拟，可生成一支结构合理、按时间分段和地理分布的部队。支援的主要内容有：维护、建筑、供给、运输、住院治疗和后撤以及人员更换等。

部队需求生成工具。该工具符合 HLA 标准，是单机运行的软件工具，以表格清单的形式，给出战区内某个平衡点上按阶段和地理上分布的陆军机构和设备。

（三）作战行动分析

作战行动分析是美军作战指挥官和国防部决策者制定战略和战役计划的一部分。这类分析对各个行动方案进行深入研究，选定行动预案和后续方案。通过作战行动分析，可得出作战行动中相关因素的定量比较，增加作战推演活动的精确度和严谨性。

1. 作战行动分析的一般过程

美军进行作战行动分析的一般过程包括：明确问题、使用恰当的工具、深入理解作战、充分了解联合作战或联军作战、明确范围和条件、进行具体的模拟、比较分析、提交结果 8 个阶段。

明确问题：充分理解决策者需要分析什么问题是进行作战行动分析的首要步骤。分析人员把指挥官考虑的作战行动问题分解、转化为作战行动建模中的量化指标。常用效能指标包括战役持续时间、作战系统或主战武器系统的损失总数、伤亡、损伤总的百分比等。

使用恰当的工具：作战行动分析利用计算机模型在指定的范围内表示作战行动。这些模型可以是确定的、随机的，或者是二者相结合。选择什么模型依据很多因素，包括目的、时间要求、被模拟的作战行动类型，以及在分析人员和战役计划人员之间需要交互量等。目前美军的大多数战略和战役模型在表示陆战方面以旅或更大规模的部队为单位；基于实体的模型则多用于模拟战术作战、空中作战或海上战役行动。

深入理解作战：要理解对作战行动的分析，有 5 个关键内容，分别是：相关部队的编成和作战力量；在战略和战役级，这些部队部署到战区的时间节点；在战术级，作战部队如何分阶段投入战斗；所有部队如何投入作战；作战的最终目标是什么以及作战模型如何表现实现这些目标。有效的模型必须使用相似的细节处理敌方和己方部队。要全面理解敌方的编成、力量、目标、作战概念和企图，分析人员还必须依靠来自各种渠道的最新情况进行评估。

充分了解联合或联军作战：战略和战役级作战行动分析需要对联合和联军的所有作战行动进行建模，研究的问题是某一特定国家的部队、军种或作战环境，或者特定的武器系统。因此，分析人员必须确保模型能够表现所有军种和联军对作战的作用和影响。

明确范围和条件：分析人员要明确所分析问题的范围、边界和参数。这些通常都是主观上有意提出的限制，包括时间、作战想定和使用的部队等。此外，通常还需要对一些未知信息进行假设，并对假设进行灵敏度分析。假设往往是一些常规的概念性假设，如：敌人最初的作战力量是50%；作战期间没有航母战斗群可用，只有战区内的空中资源可用；对抗开始日期 = 敌方宣布进攻企图的日期 +2 = 联军部队向战区部署的日期 +2；敌我双方的后勤保障都没有问题等。

对作战行动进行模拟：该环节进一步细分为5个步骤。一是获取模型的输入数据。包括武器系统数据，部队编成和作战概念数据，敌方和联军部队编成和武器系统数据，战术、技术和程序数据。二是将数据输入模型。输入数据是整个分析活动中最耗时的活动，同时也是与研究发起者进行交互的最佳阶段。传统的数据输入方法是手工输入。有些情况下为提高效率，美军也根据项目需要研制相应的自动或半自动数据导入工具。三是建立用于模拟的基本案例。即按照作战行动的想定来拟制仿真案例的想定。根据需要，往往针对不同的方案拟制相应的想定。四是与决策者或分析活动的发起者（负责人或委托方）进行交流沟通，确认基本案例。五是分别针对各个方案运行模型，得到各自的运行结果。建立好基本案例后，美军的做法通常是及时向项目发起者展示研究成果，进行沟通，及时解决出现的问题。

比较与分析：将各个方案与基本案例进行比较，其关键是尽可能少地改变变量。为便于分析人员观察分析各方案，美军常用的做法是建立开发一棵将所有变量可视化的决策树。图3－1给出了一个简单的例子，分析人员按照高、中、低三个层次改变联军和敌方作战效果的级别这两个变量，一共可以得到 $3^2=9$ 个方案。利用该决策树，去掉其中不符合实际情况的方案，分析人员可以从中找出最佳方案进行分析、细化。

提交结果：美军习惯于先对分析的“客户”（即决策者）进行评估，根据他们的需要来调整要提交结果的形式。一般地，对于研究发起者，通常以总结式的幻灯片作为开始。战役分析结果通常包括以下5个部分。一是分析结果，是提交结果中最重要的部分，放在最前面，可以通过幻灯片的形式，总结性地给出最后的结果和分析结论。二是背景，包括相关定义、分析人员接受的指导和参考资料等。三是分析框架，包括陈述问题、陈述设想的范围和限制条件、描述重要的分析要素和效能指标、明确各个方案和实施方案。四是图表支持，分析人员通过使用图形、表格等方式来支持得出的结果和结论。五是总结，这一部分包括分析人员的评论和心得，并再次强调最初时已经陈述的结果，有时还包括对未来工作的建议和要求。

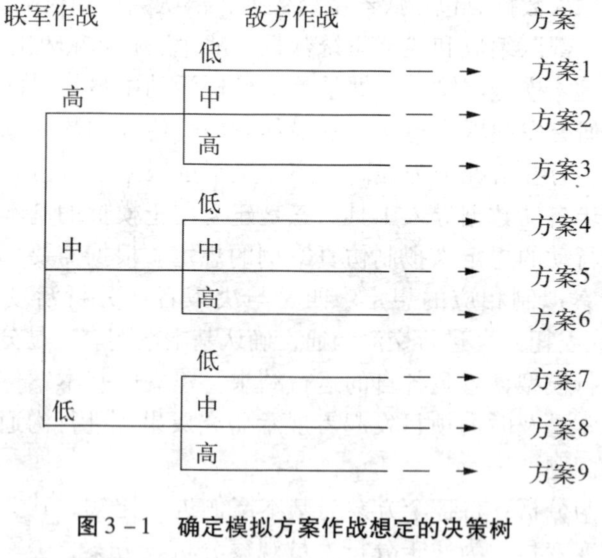

图3－1　确定模拟方案作战想定的决策树

2. 常用的作战行动分析方法和工具

在进行作战行动分析中，美军经常使用的分析方法是：针对不同方案中的所有变量，设计出关键变量；对应于模型的主要参数，按照不同方案分别运行模型；修改参数的输入值，获取相应的运行结果，如战役持续时间、作战系统或主战武器系统的损失总数、伤亡、损伤率等主要效能指标，然后利用 Excel 等软件工具进行数据统计、分析，得出结果。如果得到的数据需要进行特殊统计分析，则需要应用专门的统计分析工具或定制的软件来实现。

（四）兵力结构分析

兵力结构和位置、战备状态一起构成美军部队的三大要素。兵力结构分析是美军对国防决策支持最重要且意义最为深远的分析，其目的是分析研究兵力如何构成才能以最优结构完成当今美国军事所面临的各种使命。随着当前的国际形势的变化，美国战略重点变得更为广泛，在作战区域和所面临的威胁方面具有更高的不确定性；所使用的分析方法也因此变得更为复杂。

美军的兵力结构分析涉及的内容非常多，需要将机动能力、部署能力，以及在联合作战条件下的作战能力、对需求的支持能力等进行综合分析和评估。此外，还要考虑如何为部队配备装备和人力。在兵力结构分析中，决策者通常必须决定哪些兵力用于执行任务，哪些兵力作为后备力量，而这些问题不仅受到客观条件的限制，还受到美国家行政当局和国防政策的制约。

美军对兵力结构的分析和决策有多个层次。

在最底层的分析中，要确定每支部队的番号，配备人员的数量、等级以及专长，还包括配备的装备类型、数量和性能。此类分析通常使用高分辨率的仿真模型。美军仅陆军就有大约 1800 种不同类型的军事单元，如果要对所有军事单元进行兵力结构分析，工作量将非常大。当重要的武器装备升级或出现变化时，还需要对相应的单元重新进行分析评估。

在较高层的分析中，决策者需要决定战场上每种类型军事单元的使用数量；不同军兵种的兵力结构分析，还需要根据该军兵种中各种具体军事单元的结构和能力而定。

兵力结构分析的过程一般包括编制想定、确定需求、开发可供选择的兵力结构、进行评估等主要步骤（如图 3 –2 所示）。

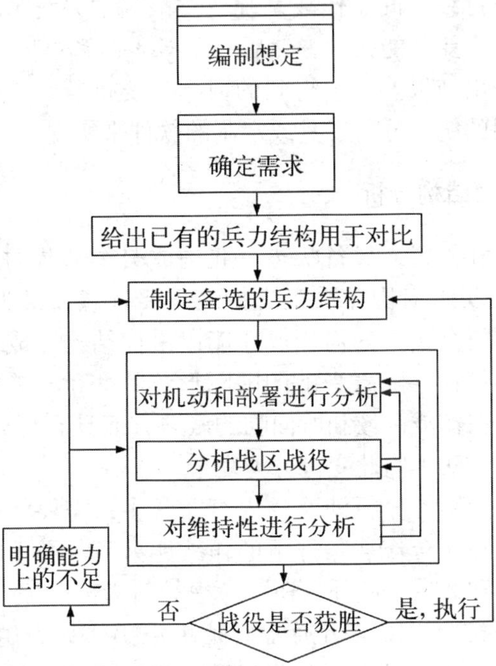

图 3 –2　兵力结构分析的一般过程

1. 空军评估方法和模型

美空军常常借助空投武器研究方面的一些模型来进行兵力结构分析，利用优化方法对可选的兵力结构在其武器效能和使用方面进行比较。分析人员基于分析结果，提出兵力结构的若干个备选方案。在对轰炸机、战术导弹等空军资产进行兵力结构进行分析中，美军还采用了一些武器需求决策方面的大型优化模型。

使用优化方法的分析活动主要分为 4 个步骤：

步骤 1：明确部队应具备什么能力。在这种情况下，将预期的能力与部队从空中打击某个给定目标集的能力相关联。这类模型在整个战役过程中假设目标集是静态的。

步骤 2：编制想定。包括建立目标的分布情况，收集数据，确定模型的其他系数。通常，仿真研究有助于评估飞机的损耗情况等参数。对于联合分析而言，国防情报局对目标分布、红方的能力（如防空系统的类型和数量）等信息进行认可。

步骤3：对备选的兵力结构方案进行决策。在这种情况下，优化模型可以计算采购飞机的最佳组合方案。因此，本步骤涉及对模型的约束，以避免不合理的或无法支付的采购方案。这样，该约束主要给出对飞机和武器采购数量的上限。

步骤4：运行模型，对结果进行观察，检验在步骤3中对给出的采购数量进行限制而造成的变化。

下面是美空军空中进攻武器优化模型的简化形式，其中的变量包括：

i 模型中所有飞机集合I中的飞机；

j 武器集合J中的武器；

k 所有目标的集合K中的目标；

l 装载量，即飞机武器装载量；

p 投送能力，影响飞机的预期杀伤力和生存能力；

t，t' 时间阶段（天）；

d，d' 作用距离或范围；

r（i，j，l，d）n元组的验证组合，涉及相关的飞机—武器—装载量—作用距离或范围。

模型的输入参数包括：

$acct_i$ 购买 i 类型飞机的费用；

$acmaxbuy_{it}$　i 类型飞机的数量，在 t 阶段可通过采购获得；

$attr_{ijklpt}$ 在时间阶段t内，飞机 i 的每次出击所造成的损耗，使用的是武器 j，目标是 k，装载量为 l，使用投送力量 p；

$budget$ 可用于采购飞机和武器（可以是单独的）的资金总和；

eks_{ijklpt} 在时间阶段 t 内，飞机 i 每次出击所期望的杀伤力，使用的是武器 j，攻击的目标是 k，装载量为 l，使用投送能力 p；

$load_{ijl}$ 在飞机 i 的装载量 l 中，武器 j 的数量；

$cumarrive_{jt}$ 在时间阶段 t 中，计划拥有的武器 j 的数量；

$maloss_i$ 某个类型 i 的飞机所允许损失的最大数量；

$invent_j$ 战区中武器 j 的现有总量；

sr_{it} 在时间阶段 t 内，飞机 i 的每天出击次数；

$timeac_{it}$ 在时间阶段 t 之前飞机 i 到达战区的数量；

$ndays_t$ 时间阶段 t 中有多少天；

$tottgts_{kd}$ 在作用范围 d（目标低空平飞投弹）中 k 类型目标的数量；

$wpnct_j$ 购买某个类型 j 的武器的费用；

$wpnmaxbuy_{jt}$ 在时间阶段 t 中，允许采购的某个类型 j 的武器的最大数量；

tv_{kt} 在时间阶段 t 中目标 k 的价值（可进一步用高度带 d 进行标识）；

$tsort_{ijkpt}$ 在时间阶段 t 内，类型 i 的每架飞机出击的预定次数，使用的是武器 j，攻击目标 k，使用投送能力 p；

$goal_k$ 要摧毁的 k 类型目标的期望数；

$penwt_k$ 在目标中，对每个类型 k 的打击目标进行评估的负面权重，该目标还没有被摧毁到该打击目标类型的整体目的层次；

$madev_k$ 对于摧毁 k 类型的打击目标这样的目的所允许的最大偏差量；

决策变量。模型对下列变量的值进行优化计算。

X_{ijklpt} 在时间阶段 t 中，飞机 i 的出击次数，使用的是武器 j，攻击目标 k，装载量 l，使用投送力量 p。

$ONHANDUSE_j$ 在作战行动过程中，所使用的某个类型 j 的武器数量。

$WPNBT_{jt}$ 在时间阶段 t 中，采购的某个类型 j 的武器数量。

$ACBT_{it}$ 在时间阶段 t 中，采购的某个类型 i 的飞机数量。

DEV_k 对于某个类型 k 的目标，与摧毁该类型目标的既定目的之间的偏差（负）。

目标函数。在实践中，分析方法调用并计算不同的目标函数。理想的目标是直接与模型的战役结果相关联。美军的一种做法是：

先建立这种关联，包括为每种类型的目标建立目标毁伤目的；然后对该目的进行编程，计算对每种目标类型的偏差，并使这些偏差的加权和最小化。分析人员通常从军事专家那里获得有关权重的信息。当使用目标函数时，分析人员明确记录这些目标毁伤目的的偏差值。可以将目的及其约束表示如下：

$$\min \sum_{k} penwt_k DEV_k ,$$

服从于：

$$\sum_{ijtpt} eks_{ijklpt} \times X_{ijklpt} + DEV_k = goal_k , \forall k < DEV_k \leqslant madev_k , \forall k$$

另一个通常使用的目标是对新式武器和飞机的采购进行最小化。在此条件下，公式中必须包括一些约束条件，即需要恰当的目标摧毁等级。在兵力结构应用中，美军曾使用“最小费用”目标来选择合适的选项，即最有效地使用资源来打击给定的目标集并实现预期的毁伤等级。可以描述为：

$$\min \sum_{i,t} acct_i \times ACBT_{it} + \sum_{i,t} (wpnct_j \times WPNBT_{jt})$$

分析人员还使用最小化飞机消耗这一指标，该指标可以描述如下：

$$\min \sum_{ijklpt} attr_{ijklpt} \times X_{ijklpt}$$

如果各种飞机的重要性不相同，分析人员可以对目标项进行加权计算。

还有一种方法，可在目标和战区战役结果之间建立关联，即考虑单个目标毁伤对整体目标的影响如何。分析人员通常从军事规划人员等领域专家那里获得这种称之为“目标价值”的影响。发现这些价值往往很困难，且这些价值仅应用于即将发生的战役，但这种方法在过去获得了成功。可用以下形式：

$$\max \sum_{k,t} (tv_{kt} \times \sum_{i,j,l,p,t' \leq t} (eks_{ijklpt'} \times X_{ijklpt'}))$$

分析人员可以对此指标进行修改，用于评估作战毁伤，得到的结果是对给定打击目标的多次打击结果，或者任务结束。

制定目标函数的另一个方法是制定一个完整的、包含了以上各种建议的综合的目标函数，或者其他一些适宜于分析的方法。分析人员可能还需要针对每个目标建立期望的等级，如果各个组成指标的重要性不同，还需要指定权重。

约束。首要约束是直接针对决策变量给出上限，这些决策变量都是非负数。

$X_{ijklp} \leqslant sr_{it} \times timeac_{it} \times ndays_t \times acmaxbuy_{it}$

$WPNBT_{jt} \leqslant wpnmaxbuy_{jt}$

$ACBT_{it} \leqslant acmaxbuy_{it}$

$ONHANDUSE_j \leqslant invent_j$

下列约束对各种类型的出击数量进行控制。$tsort_{ijkpt}$是常量，等于所希望的出击次数，即在给定时间内、固定损耗率条件下，飞机对一个目标的出击次数期望值。分析人员必须决定损耗率是否会影响所产生的出击次数。如果不影响，那么就假设保留下来的飞机完成任务的概率更高。如果有影响，分析人员应从下列约束中去掉该损耗率。

对于所有的 i：

$$\sum_{jklp} \frac{X_{ijklpt}}{tsort_{ijklpt}} \leq timeac_{it} + \sum_{t' \leq t} ACBT_{it} - \sum_{jklp, t' < t} attr_{ijkpt'} \times X_{ijklpt'}$$

在战役中使用的武器，必须包括已有的和将要采购的：

对于所有的 j 和 t：

$$\sum_{jklp, t' \leq t} load_{ijl} \times X_{ijklpt'} \leq ONHANDUSE_j + \sum_{t' \leq t} WPNBT_{jt'} + cumarrive_{jt}$$

用于采购飞机和武器的资金总数是有限制的。要增强该约束，分析人员可以考虑按时间阶段进行预算，或按财政拨款来限制支出。在此使用的不是这两种方法，而是另外一种方法：

$$\sum_{it} acct_i ACBT_{it} + \sum_{it} wpnct_j WPNBT_{jt} \leq budget$$

飞机的损耗受限于某些财政拨款水平，这符合实际作战情况。下面的公式约束每种飞机类型的损耗情况：

对于所有的 i：$\sum_{klpt} attr_{ijklpt} X_{ijklpt} \leq maloss_i$

最后，模型必须确保有效的飞机—武器—装载量组合不会用于不正确的作战目标范围内。这些数据应提前处理，得到集合 r（i，j，l，d），该集合是有效的组合。该约束是递增的，允许用长距离投送来实现近距离进攻目标。因此，

对于所有的 k、t 和 d：

$$\sum_{(i,j,l) \in r(i,j,l,d),p,t' \leq t} (eks_{ijklpt'} \times X_{ijklpt'}) \leq \sum_{d' \leq d} tottgts_{kd'}$$

通过使用优化模型，可以得到有效的、可操作的结果。在研究中通常使用优化模型，单个的最优结果并不是所需的最终结果。相反，分析人员往往多次修订参数，反复运行模型，得到各种不同的运行结果，这样才有可能形成对可计算效益之间平衡折中的思路。

2. 陆军评估方法和模型

美国陆军分析中心所使用的陆军兵力结构分析称为整体陆军分析（TTA）。整体陆军分析为陆军的决策者提供了七个功能方面的支持：国土安全、抵制侵略、主战行动、非重要地区内的小规模冲突、战略预备、转型和兵力生成。下面仅介绍国土安全和主战行动方面的兵力结构分析方法，以及战略预备、转型和兵力生成方面的分析。

国土安全兵力分析。这是与国土防御有关的陆军兵力分析，分析所涉及的陆军活动包括指挥与控制，导弹防御，信息保障，保护重要基础设施，核生化袭击后果管理，避免大规模杀伤性武器的攻击，支持地方权力机构，以及缉毒行动等。

针对主战行动的兵力分析。这是整体陆军分析的主要职责和任务。该分析包括战略部署，战术行动样例，战区战役（包括战区弹道导弹），化学、生物以及核打击的影响，战区作战等内容，其中每部分内容都可以作为单独分析的内容。分析主要包括 3 个阶段。

第一阶段是分析如何在战区中部署部队。这是在编制完想定后，分析人员对战场上的兵力部署进行分析，分析作战部队和装备物资如何抵达作战区域。美军在这类分析中对部署进行了详细建模。部署活动始于每个待部署单元的初始位置（无论是在美国本土还是在

海外）。为描述已部署部队可能无法马上投入战斗发挥作用而需重新部署的情况，建模时还增加了对时间延迟的考虑。在进行部署分析时，美军通常利用全球部署仿真系统进行仿真，得到各个部队和作战物资进入战区的时间进度表，发现作战行动可能存在的投送不足。不过，这一阶段针对部署的分析并不能完整地分析整个战区战役所需的整个兵力结构，还需要分析人员分析检验整个部队的可部署性，因此需要在调整兵力结构后重复进行部署分析。

第二阶段是运用大规模作战仿真模型来分析战区战役，对已有作战部队结构进行验证或编制一份新的作战部队结构。给定了想定和部署分析的结果后，分析人员就开始进行作战仿真。对战役进行仿真要按照当前作战行动规划的内容进行某些调整，适应未来条件，以提供针对主战结果的某些观点。美军用战区级仿真模型来模拟表现战役。过去，陆军分析人员常使用概念评估模型，粒度可至地面部队的营这一级，还可以表现战场中的战斗机、火炮以及武装直升机等武器装备。后来，陆军改用联合集成冲突模型（JICM）来模拟战区战役，JICM 可以更真实地反映战场中的机动性。仿真结果包括随时间进程而出现的各种变化，如：战场态势的变化、部队实力的变化、兵力与装备的损失情况、弹药消耗情况以及战役的阶段状态。仿真结果为决策者提供战役中损失和消耗情况。分析人员既要评估给定的作战兵力结构是否充足，还要深入分析备选的兵力结构，决策者由此来判断是否需要、需要什么样的支援部队。在判断对支援部队的需求时，战略规划指南或战役分析的结果可用于决定如何配置陆军师级作战部队的类型和数量，独立作战旅的数量等。除此以外，分析人员还必须独立思考支援部队的结构，支援部队的组成包括其他一些单元，可满足部队支援和后勤方面的需求（在分析中，这些决策都不考虑对资源的约束，尤其是人力方面的约束）。此类分析的目的是评估后勤方面的支援能力，人员伤亡情况，借助情报和条令中的分配规则来制定支援部队的结构。

第三阶段是对部队结构进行分析，为完善部队结构提供建议。在分析制定所需部队的兵力结构时，有关计算依赖于各类支援单元的陆军后勤条令规则。有两种规则源于模型和对野战测试数据所进行的分析。第一种规则是存在规则。例如，“每三个师必须有一个军司令部”。这不是基于对资源或任务的假设，而是基于某个单元对其他单元的要求或支援能力。第二种规则是任务规则，例如，某种支援单元的任务是什么。使用规则时，所用的数据源自作战仿真，并综合考虑各种类型支援单元的后勤保障任务。这些数据包括作战单元的变化、作战单元覆盖区域、弹药消耗与补给以及人员伤亡情况等。这一阶段的分析活动比较复杂。因为，给部队增加支援单元就增加了支援需求的复杂度。美军在实际的分析活动中，分析人员需要多次重复进行“部署、作战仿真、分析确定是否增加什么支援”，直到最后计算得出足够的支援兵力结构。美军早期使用战区管理与后勤兵力分析仿真（FASTALS）模型，后来使用兵力需求生成器（FORGE）来实现该功能。

完成了支援部队的分析后，分析人员必须重复进行部署分析，以确保新得到的部队始终是可部署的。再次进行仿真还可以确保这些支援单元到达战区的时间尽可能地接近最初的评估，而不影响模拟的作战结果。如果兵力转移发生了较大的变化，足以显著改变结果，就重新运行一次整个过程。如果没有，这一过程完成，也就实现了对主要战区所需的兵力结构决策的支持。

针对战略预备、转型以及生成兵力分析。这是对不直接参与作战的部队进行兵力结构分析。战略预备的组成主要是预备役部队。转型部队不直接参与作战，而是负责接受新式装备与新式训练。生成部队基于美国本土，包括军事部队和地方机构，履行陆军条令上和事实上的行动。要对一类部队的兵力结构进行分析困难，很少有分析能支持此类分析。

3. 海军评估方法和模型

海军兵力结构分析的主要关注点是航行时间、舰船抵达情况等指标。

海军在武器输送、装备、舰船、组织机构以及作战行动方面都正在进行着转型和变革，这种变革深刻影响着对兵力结构的决策。

在作战行动方面，海军正在围绕着海洋基地保障能力、防御能力、进攻能力以及网络化能力4个能力来实现转型。

关于海洋基地保障能力，海军要求所规划部队能在支持联合部队的所有阶段履行其使命，这种支持由“海上基地”提供，在联合作战区域内无需大量依赖于陆上基地。建立了这些海洋基地后，海军计划借助航空、导弹和海军陆战队来提高打击远程内陆的能力。海军还希望其部队能够对海洋基地进行防御保护，以抵御敌国不断增强的综合进攻能力，这些进攻包括使用鱼雷、潜艇、弹道导弹、防空系统以及巡航导弹等，并配备大规模杀伤性武器，针对美国在海上、空中的机动空间方面的战略优势进行挑衅。海军在已拥有指挥、控制、通讯、计算机、情报、监视和侦察（C^4ISR）体系框架的基础上来规划部队，而该体系结构可以支持另外3个能力。

美军在分析海军兵力结构时，必须综合考虑平时和战时对海军部队的需求。为满足平时对兵力结构的基本要求，海军使用的是将前沿部署部队和轮换部队相结合的方法。海军的前沿部署部队长期驻守在海外某个位置，这是投送海军的最有效方法。不过，近些年由于国家政治和财政方面的现实情况，美国趋向于限制海外基地舰船的数量。在此背景下，就必须增加轮换，即使用基于本土的舰船和人员来完成海外部署。海军要满足作战需求，会尽可能使用前沿部署实力，包括前沿部署部队和一旦作战要求出现即可就位的轮换部队。如果战争需要投入更多的海军部队，并且作战时间也允许的话，邻近战区中“活跃的”舰船，或者邻近港口的“冲锋”部队也能满足需求。舰船从某个位置航行到另一个位置所需的时间是决定海军兵力结构的关键因素。因此，兵力结构分析人员使用“时间—距离”模型来辅助决策者快速决策如何满足海军部队的派驻需求，以及这些决策如何影响海军对危急形势的响应能力。

美军提出了一种简化的静态模型来计算分析舰队的部署情况，主要是计算舰队的航行天数、覆盖时间、抵达情况和应急反应能力。该模型简单直观，计算简便，避免花费大量时间来进行详细仿真。

模型公式中包含以下变量和常量：

sd：标准距离

ts：航行速度

n：舰船数量

dl：部署时间

av：可用性

tar：周转率

对于以上变量和常量，美军进行了定义：标准距离的测量是从反应区域的中心算起，而不是从最近区域的边界算起；两栖舰和航母在平时的平均航行速度是 14 节，紧急情况下的航速通常是 20 节；航母的可用性是 80%，两栖舰的可用性是 90%；周转率定义为部署时间与部属期限之比，对于航母是 3.4，对于两栖舰是 3.1；部署期限一般是 180 天。

（1）舰队航行时间的计算公式

$$td = \frac{sd}{ts \times 24hours}$$

上式计算一艘舰船的航行天数（td）。

（2）舰队覆盖时间的计算公式

舰队的覆盖时间是指舰队到达战区后的驻留时间，为舰队的部署时间减去往返航行时间。

$$cv = dl - (2 \times td)$$

上式计算舰队的覆盖时间 cv，以天计。

（3）战区抵达值的计算公式

战区抵达值是指一个派遣任务执行完后，有多少艘舰船抵达目的地并可用。抵达值计算公式如下：

$$presence = (n)(av)\left(\frac{1}{1 + tar}\right)\left(\frac{cv}{dl}\right)$$

当派遣的舰船总数大于 1 时，抵达值可能大于 1。上式中，除了 n，其他因子的值都小于 1。

从上式可以推导出针对某个给定的抵达情况，需要多少舰船数量的公式：

$$n = (\frac{dl}{cv})(1 + tar)(\frac{presence}{av})$$

（4）舰船应急反应能力的计算公式

舰船应急反应能力主要指标是对指定舰船到达战区所需的时间。该时间按天计算，是从危急形势开始出现一直到所需舰船抵达该战区的时间之间的天数。舰船应急反应能力计算公式如下：

$$at_i = (presence_a)(\frac{sd_a}{cs \times 24}) + (1 - presence_a)(\frac{sd_{a+1}}{cs \times 24})$$

上式是利用应急反应速度 cs 来计算参与反应的第 i 艘舰船的抵达时间 at_i。该公式的假设条件是：令 sd_a 等于标准距离，即邻近战区中的舰船必须航行到危急战区中的距离；令 sd_{a+1} 是从下一个最近战区航行到危急战区所需的距离；如果在某个阶段邻近战区中没有舰船可以派驻过来执行任务，就必须从下一个最邻近的战区中调遣舰船；假设至少应在 2 个最近的战区之一中有舰船可供调遣。

在进行了上述 4 项计算以后，可以得出舰船的抵达时间是否满足作战任务需要。如果不满足，还应制定其他的兵力结构方案并重复进行以上计算分析过程。

二、建模与仿真技术

用于国防和军事领域的仿真技术，统称为军用仿真技术，是系统仿真应用领域的一个重要方向。建模是“建立模型”的简称，其本质是对所研究的现实问题和客观对象进行抽象，形成用自然语言和图形等方式严格描述的概念模型，用数学符号和公式形式化描述的数学模型和可运行的软件模型。在仿真领域一般指根据军事问题将现实中的实体和活动抽象为具有一定结构、属性和接口，可在仿真平台软件上独立运行或组合运行的软件模块。建模是仿真的基础，仿真是在技术平台上运行所建立的软件模型。

军用仿真技术是作战任务规划和辅助决策的基础，目前已广泛应用于教育、训练和军事行动、研究与发展、试验与鉴定、分析以及生产和后勤。发达国家把军用建模与仿真看做是“军队和经费效益的倍增器”，美国五角大楼更是视之为处理国防事务的核心方法和战略性技术。美国国防部自1972年以来就将建模与仿真技术列为重要的国防关键技术。1991年7月成立了美国国防部建模与仿真办公室，作为国防部建模与仿真执行委员会的日常办事机构。该办公室成立以来，起草并以国防部的名义颁发了多项建模与仿真政策与指导性文件，并组织领导实施了联合建模仿真系统、联合仿真系统、联合作战系统等多个仿真系统项目，支持装备采办、部队训练、战场与战役分析等。1997年制订的“美国国防技术领域计划”更是将建模与仿真技术列为有助于能极大提高军事能力的四大支柱（战备、现代化、部队结构、持续能力）的一项重要技术。

美军的军事仿真技术主要包括半实物仿真、分布交互式仿真、综合环境仿真、支撑平台、虚拟现实以及虚拟样机6个方面。

半实物仿真首先在武器研制中采用，并广泛应用于武器装备的研制与鉴定。美军先后建成空军动能杀伤拦截器半实物仿真系统、陆军高级仿真中心的第二套毫米波系统、合成孔径毫米波和红外双模制导半实物仿真系统。目前已由单武器平台仿真向多武器平台仿真方向发展。

分布交互式仿真包括实况仿真、虚拟仿真和构造仿真。为解决仿真器之间交互性和重用性差、开发使用成本高等问题，美国防部于1996年8月正式颁布了仿真领域的通用技术框架。该框架由高层体系结构（HLA）、任务空间概念模型和一系列数据标准3部分组成，是下一代分布交互式仿真标准。其中HLA是建模和仿真通用技术框架的起点和基础。

环境仿真包括动力学、电磁、水声、光学环境仿真，视觉、听觉、动感等环境感知仿真以及虚拟战场环境的综合仿真。美军在环境仿真方面逐步建立了各种完善的数据库和模型库、用虚拟现实技术建立了虚拟仿真环境。为满足分布交互式仿真的需要国防部高级研究计划局已设立“综合环境计划”，研究用于平台级仿真的大气与海洋环境数据系统。

仿真支撑平台是一种面向问题、面向用户、面向仿真应用的软硬件系统的综合集成支撑技术。经过多年的建设和应用积累，美军已拥有一批面向各军事应用方向和各类军事问题的仿真支撑平台，包括 FLAMES、EADSIM、JAS 等。

虚拟现实是当前军事仿真技术的发展趋势之一，目的是为军事人员提供具有沉浸感的环境和感知，达到“身临其境”的效果。目前已应用于美军的许多训练系统中。陆军的“洞穴式自动虚拟环境室”就是一个典型的虚拟现实仿真应用系统，它利用三维虚拟现实技术实现武器系统的全生命仿真。该仿真系统是一个小房间，除地面以外的另外 5 个内面均使用高清晰背投产生一个 360°的三维立体环境，在该场景中有一个与真人对应的虚拟角色，可表现真人的各种活动。

虚拟样机是将先进的建模仿真、数字化设计、交互式用户界面和虚拟现实等多种技术综合应用于一体而形成的一个具体产品。美军在武器装备和训练方面对虚拟样机的研发和应用非常重视，已拥有可支持虚拟样机技术的专用软件产品。

（一）军事建模基本方法

1. 仿真的基本流程

美军进行仿真的基本工作流程包括以下 6 个环节。

一是明确问题的内容和范围：根据仿真目的，定义仿真系统的边界和约束条件。

二是建立数学模型：根据经验知识、仿真目的和实验资料，确定系统的数学模型框架、结构和参数。模型的复杂程度与仿真目的相关。

三是建立仿真模型：根据数学模型的形式、计算机系统的条件以及仿真目的，按照上一环节建立的数学模型，开发编制仿真模型，并进行模型校验。

四是装载运行模型：将仿真模型载入预定好的仿真软件中运行，然后设定实验条件并记录变量。

五是仿真实验：根据仿真目的进行实验，如设置、调整模型的参数，得出相应的结果。

六是结果分析：按照实验要求对结果进行分析、整理和文档化处理，根据分析的结果修正数学模型、仿真模型、仿真程序，进行迭代实验，逐步达到最优。

2. 建模方法分类

美军使用的建模方法有不同的分类标准。

(1) 按照建模的理论基础分类

按照建模的理论基础可分为定量方法和定性方法两大类。

一是定量建模方法：包括数学建模和实验建模，前者的具体方法有连续系统建模方法和离散事件系统建模方法等，后者的具体方法有随机变量模型建模方法、基于系统辨识的建模方法、基于人工神经网络的建模方法和基于灰色系统理论的建模方法等。

二是定性建模方法：包括基于模糊数学的建模方法，基于Kuipers的建模方法，基于符号有向图的定性建模方法。

此外，还有定性与定量相结合的方法：包括基于系统动力学的建模方法；基于层次分析法的建模方法；基于Agent的行为建模方法。

(2) 按照建模仿真对象的性质分类

按照建模仿真对象的性质，可以分为结构级方法、行为级方法和基于Agent的方法。

一是结构级方法：该方法是把作为复杂系统的战争系统视为一般的物理系统，将一般物理系统建模方法应用于战争系统模型框架的构造，将专家关于机械化战争作战仿真的经验和对未来信息化战争、网络中心战等概念仿真的假设与有限的先验知识，进行综合集成和充分利用，选定一个合理的模型框架，进行仿真计算和分析。

二是行为级方法：该方法不考虑战争这一复杂系统与一般物理系统之间在运行机制上的相似性，而把仿真目标定位在行为一级，根据仿真实验观测数据构建战争系统的相似同态模型，研究战争系统的发展动向。

三是基于 Agent 的战争系统建模与仿真方法：该方法采取自上而下分析、自下而上综合的思路，即以一系列对未来战争的假设公理为基础，在此基础上产生战争系统行为，实现对战争系统中基本元素及其之间交互行为的建模与仿真。

（三）关键技术

美军在军事建模仿真领域的研究一直处于世界领先地位，先后提出了 HLA、DIS 等关键技术。

1. HLA（高层体系结构）

1996 年 8 月，美国国防部正式颁布了针对建模与仿真领域的通用技术框架，该框架包括任务空间概念模型、高层体系结构和一系列数据标准，被认为是下一代分布交互式仿真技术的新标准。作为最早开展 DIS/HLA 技术研究和应用的国家，美国国防部成立了建模与仿真办公室，主持管理军用建模仿真技术研究、产品开发和应用推广，并决定：1999 年之后将不再资助非 HLA 的仿真研究，2001 年之后也将全面终止使用与 HLA 不相容的仿真工程和应用。

（1）HLA 的基本概念

HLA 定义了一个通用的技术框架，在这个技术框架的支持下，可以接受现有的各类仿真过程的共同加入，并实现彼此的互操作。

HLA 拥有以下 4 类元素：

一是联邦成员。在 HLA 中，每个描述一定功能的仿真过程称为 HLA 的一个联邦成员，简称为邦员、邦或成员。联邦成员包括联邦成员管理器、数据收集器和真实的实体代理仿真等，也可以是平台，如驾驶员座舱仿真器，还可以是一个集合体，如一个国家的空中交通流量、一个导弹发射任务序列等。

二是对象。每个联邦成员可以包含若干个对象。

三是联邦。联邦成员相互作用，从而达到某一特定仿真目的，为实现某种特定的仿真目的而进行交互作用的若干个联邦成员的集合称为联邦。

四是联邦运行。整个仿真执行过程被称为联邦运行，即一个联邦的一系列执行过程集合。

HLA 由 3 部分内容和概念构成：

对象模型模板。提供了记录信息的一个通用方法和模型标准，是 HLA 实现互操作和重用的重要机制之一。

运行支撑系统。是一种网络应用层软件，定义了 HLA 的接口规范，为不同仿真间的交互提供了通用服务。

相容性规则。简称规则，给出了使仿真 HLA 中所必须遵守的一些规则。规则给出了对象模型模板和运行支撑系统的设计原理，也描述了成员和联邦设计者的一些责任。

（2）联邦开发过程模型

模型作为仿真的基础，也是评价仿真质量好坏的最重要因素。

在联邦开发过程中涉及的模型，主要分为概念领域和仿真领域的模型两个部分。

一是概念领域的模型。概念模型是对问题的抽象。在整个联邦开发过程中会涉及多种概念模型。主要有联邦概念模型、联邦成员的仿真概念模型、任务空间概念模型、用户空间概念模型、综合表示概念模型。其中，联邦概念模型和仿真概念模型是 HLA 联邦开发过程中最重要的概念模型。

二是仿真领域的模型。主要有联邦对象模型和仿真对象模型。

2. DIS（分布式交互仿真）

DIS 是指通过网络技术将地域上分散的、人在回路中的各种仿真器、计算机生成兵力及其他仿真设备有机地联结为一个整体，形成一个在时间和空间上相互耦合、一致的虚拟电子合成环境，人可以自由地与之交互，从而完成军事人员训练、战术方案的有效性验证与评估、武器系统性能分析与评价等任务。

从系统的物理构成来看，DIS 系统结构可以分为仿真节点和计算机网络两个部分。其中，仿真节点负责实现本节点的仿真功能，包括动力学和运动学方程的求解、运动模拟、视景生成及音效合成、特殊效果（烟雾、爆炸和碰撞效果、风雨雷电等自然效果）合成，人机交互等；计算其内部的一个或多个仿真实体的状态，并把这些状态及其内部事件通知其他节点；接收其他节点发送来的状态和事件信息，并计算这些信息对本节点的影响。计算机网络将分布在不同地域的仿真节点联结起来，采用局域网、广域网、网桥、路由器以及网关等互联设备连接这些节点。

从组成单元的性质上看，DIS 系统包括 3 类节点：虚拟类，包括各种类型的人在回路仿真器的计算机生成兵力，例如计算机控制的飞机；构造类，包括高层集结模型、模拟军事演习和一些分析模型；客观存在类，包括实际的靶场和各种真实武器系统及仪表显示系统。

DIS 系统具有以下 5 个特点。

一是分布性：一方面，地域上分布的各仿真节点通过网络互联，实现共享综合环境；另一方面，DIS 系统在功能和计算能力上也是分布的。在 DIS 系统中，没有中央计算机，各仿真节点的地位是平等的，DIS 的各仿真节点具有自治性，仿真节点既可以联网交互地运行，也可以独立运行各自的仿真功能。

二是交互性：包括人在回路中仿真的互操作性，各种武器平台与各种环境之间的交互作用。这些交互需要协调一致的结构、标准和协议。

三是仿真性：DIS 中包括真实部分、虚拟部分和构造部分的交互，后两部分是通过仿真实现的。

四是实时性：在 DIS 系统中，人是通过对计算机生成的综合环境的各种真实感受来作出响应而形成“人在回路”的仿真，因此，DIS 系统必须保证仿真系统中的时间、空间与现实世界中时间、空间之间的一致性。这就要求实体状态必须是实时更新的，实体间的信息必须是实时传输的，图像显示必须是实时生成的。也就是说，DIS 系统必须要求在实时前提下运行。

五是集成性：DIS 的最后一个突出特点是对已有系统的集成。如何将这些地域上分散、不同的制造厂商开发、系统的硬件和软件结构配置各不相同、实体表示方法与描述精度各异的仿真节点联结起来并实现互操作，成为研究人员重点研究的问题，也是 DIS 技术中的关键内容。

在体系结构上，DIS 满足分布式仿真的 5 点基本要求：开放式的体系结构；逻辑上的层次结构与物理上的网络互联结构相结合；采用局部广播和点对点通信相结合的通信方式；引入接口处理器；用户界面友好。

为了使不同时间、不同开发环境、不同操作系统和平台下开发的仿真应用之间能够实现相互交流，在进行 DIS 开发时需遵循一些经过确认的约定，即 DIS 标准。

DIS 标准的草案由美国陆军仿真训练与装备司令部（STRICOM）和国防部建模与仿真办公室负责，并由美国佛罗里达大学的仿真与训练研究所具体完成，最终由 IEEE 批准成为正式的标准。主要内容包括各种信协议、环境标准、DIS 置信度、演练管理和信息反馈、涉及仿真节点间传送的一致的信息集合和数据包的开发，该数据包被称为协议数据单元。

3. **建模仿真的对象模型体系框架**

美军从 20 世纪 90 年代中期开始有关建模仿真对象模型体系框架方面的研究，并发布了一系列研究报告，其研究成果已比较成熟，并在一些大型仿真系统的开发过程中进行了应用。

建模仿真的对象模型体系框架，就是利用面向对象的分析技术，对建模仿真的相关因素进行分析和建模，研究如何利用泛化、关联、多态、继承等面向对象技术和分析方法，划分仿真系统中各种仿真对象和对象之间的相互关系，进而建立建模仿真的对象模型框架。

美军 TRADOC（陆军训练与条令司令部）分析中心委托美军海军研究院进行了相关研究，在 1997 年发布了《开发标准的单元层对象》和《开发标准的平台层军事对象模型》两份研究报告。这些报告是在战士仿真系统（WARSIM2000）、半自动兵力模块（ModSAF）、联合作战仿真系统（JWARS）等一系列相关仿真系统中对象建模实践的基础上，总结相关经验，提出了标准的对象建模方法。

1994 年美国国防部的建模仿真办公室委托美军海军指挥控制和海洋监视中心开展了相关研究，并于 1995 年发布了《联合作战仿真对象库》（JWSOL）。该对象库应用了面向对象分析与设计的方法对战役级联合作战进行建模，是一个可靠、可复用的、鲁棒的作战仿真的各种类和对象的知识库，并且能够用于广泛的联合模型与作战想定的开发与移植，支持新开发的和已有的模型与仿真之间的互操作。

（四）主要仿真系统

美军在建模仿真方面，借助强大的国家科技力量、军工研究机构和企业，开发研制出多种建模仿真技术和产品。

1. FLAMES

FLAMES（Flexible Analysis Modeling and Exercise System，柔性分析建模与演习系统）是商业化的、开放体系的仿真框架，可用于行为仿真开发和应用的所有方面。FLAMES 是一个框架，可以为多种类型的系统进行行为建模。该框架是一个容易使用的、开放体系和高度定制化的产品。

从 1999 年开始，FLAMES 在全球为政府、军队和商业组织提供高质量商业仿真产品和软件开发支持服务，其用户包括美军空军、陆军、海军、海军陆战队以及英国、法国、德国、意大利、以色列、日本等国家和中国台湾地区的军队。FLAMES 的体系结构包括内核、标准应用程序、附加模块和实例模型。

(1) 内核

在 FLAMES 中，内核是一系列软件服务的集合，提供了所有基于 FLAMES 的应用程序的基本构建块。标准化程序是可以使用的计算机程序，提供了开发、执行和分析任何类型想定的能力。一系列选项参数增加了内核和标准化程序满足特定仿真需求的能力。各种认知模型为作战实体提供作战规则。其中过程方法相当于指挥员，自动武器系统则相当于处理单元，它接受传感器的信息，作出判断，形成控制武器系统的指令或向其他作战实体发送消息。这种独特的模型机制是商业软件中独有的，它对指挥人员的决策过程建立了仿真建模机制，有效地建立了军事仿真中必需的行为和装备两种模型。FLAMES 内核是一系列软件服务的集合，提供了所有基于

FLAMES 的应用程序的基本构建块。这些服务包括管理计算机内存，创建和操作图形用户界面，管理存储在 FLAMES 想定数据库中的数据，创建和管理所有的建模对象、执行创建、运行和分析想定的必要操作。内核还定义了一个大的基类集合，所有的 FLAMES 模型均继承自这些基类。这些基类包括：环境模型、物理装备和人的认知模型。

（2）标准应用程序

FLAMES 包括一些标准应用程序，这些程序提供了许多工具（如图 3－3 所示），可以让没有任何软件开发经验的人来开发、运行并分析想定。这些程序也可以作为用户开发自定义程序的起点。

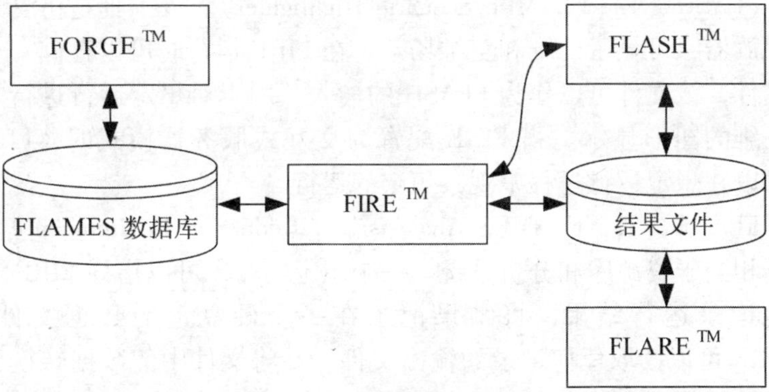

图 3－3　FLAMES 的工具

FORGE（The FLAMES Operational Requirements Graphical Editor）。FORGE 是用于创建和执行 FLAMES 想定的基础应用程序。该应用程序拥有一个友好的、图形化的用户界面，大大简化了想定数据的输入任务。FORGE 将 FLAMES 多用户输入的数据保存在想定数据库中。在想定执行过程中，可调用模型来模拟战场环境、平台运动、传感器探测、干扰机干扰、通信过程、武器控制、人类行为和决策过程等。在创建和执行想定时，可运用二维和三维方式显示想定内容。

FIRE（The FLAMES Interactive Runtime Executable）。FIRE 相当

于仿真引擎，是 FLAMES 的核心程序。FIRE 从 FLAMES 的数据库中提取想定，运行在想定中定义的模型。这些模型对环境、平台运动、传感器探测、干扰、通信处理、武器交互和人的行为和决策过程等方面进行仿真。通过严格地使用面向对象的编程原理和技术，引擎独立于仿真的应用，仿真的所有与应用有关的部分都在引擎之外。FIRE 提供如下十类服务：数据库服务、FLAMES 图形用户界面（GUI）管理系统 Jewel、基础类库的模型实例（模型对象）管理服务、实体和执行管理服务、离散事件执行管理服务、脚本引擎服务 FSE、地球模型服务、记录服务、内存管理服务、信息处理服务。

FLASH（The FLAMES Scenario Highlighter）。该工具是仿真过程的回放器，可显示二维和三维场景。在 FIRE 运行时可以存储一个回放文件，该文件可以作为 FLASH 的输入，用于对想定运行进行二维和三维的图形显示。当 FIRE 配置为交互式服务器模式时，FLASH 也可以在想定运行过程中观察想定的运行。

FLARE（The FLAMES Analysis and Reduction Environment）。该工具相当于资源库和分析系统。一个想定的输入可以指导 FIRE 有选择地记录运行结果，将结果记录在一个硬盘上的数据文件中。FLARE 可以读取任何记录的输出文件，并将文件中的数据转换到内存中关系数据库的表中。用户可以通过使用 SQL 的扩展子集来对记录的数据进行查询和分析并产生输出表格。

FLAMES 选项。提供 FLAMES 产品的一些选项，用于增强内核和标准化程序，满足用户的特定需求。包括：DigitalTerrain 选项，可导入 DTED（Digital Terrain Elevation Data）数据，用作模型计算和地形有关操作；Advanced Correlated Terrain 选项，提供在想定中包括地形数据的功能；关系数据库选项，使认知模型在驻留内存的数据库中存储信息，数据库由工业标准的 SQL 的一个扩展子集操作；Interactive Server 选项，将想定的执行与模拟器、真实的指挥、控制、通信系统连接并交互；Interactive Client 选项，在想定执行过程中，可使任何外部应用与 FIRE 交互通信，进行实时连接。

（3）附加模块

FLAMES 标准应用程序提供的仿真功能，能够满足大多数仿真的需要。为了满足仿真功能的个性化要求，FLAMES 提供了可选的 FLAMES 附加模块。这些附加模块扩展了标准应用程序的功能，能够帮助用户方便快捷的实现其个性化的仿真需要。附加模块包括：检查点/重新启动模块、分布式交互仿真模块、数字地形模块、高级三维模块、高级分析模块、FACT 模块、HLA 模块、交互式客户端模块、多线程模块、网络数据库模块、关系数据库模块等。

（4）实例模型

在 FLAMES 的想定中，任何活动的参与者都是一个单元。每个单元在缺省时是一个“空壳”，不能完成任何功能。单元的功能完全由附加在其上的模型定义。用户可以通过为单元附加模型来完全控制它的移动、感知、通信和思考能力，也可以在想定运行时通过添加和删除附加在单元上的模型来改变单元的功能。附加在单元上的模型有若干种类，如装备模型、认知模型等。装备模型通常对多种设备类型进行建模，通过单元与环境或其他单元进行交互。

装备模型。一个单元如果没有附加的装备模型，该单元就不能移动、感知环境或其他单元，或消灭其他单元。装备只存在于 FLAMES 想定中的特定单元中，例如一个导弹飞向目标，这个功能完全在装备模型中定义，但是这个装备模型也必须在一个指定的单元中。FLAMES 中的装备模型从八个基本的装备类继承，而这八个基类又都继承自 FEquipment 类。任何具体的装备模型对于 FLAMES 的内核都是透明的，该内核只处理基类 FEquipment，因此，当修改和添加装备模型时不需要修改 FLAMES 的内核或其他的 FLAMES 模型。FLAMES 的装备模型有 8 类，分别是：平台模型、通信装备模型、传感器模型、数据处理器模型、干扰装备模型、子系统模型、弹药模型和武器系统模型。

认知模型。是 FLAMES 中除武器装备模型以外的另一个模型。认知模型的方法称为过程方法，这些方法是由 FLAMES 支持的编程语言（通常是 C 语言）所编写的方法。

（5）基本功能

FLAMES最基本的功能是为结构仿真和开放结构的、虚拟而逼真的仿真交互提供技术框架，其开发的面向对象的体系结构为开发各种不同类型的仿真提供了便利。主要体现在以下4个方面：

一是提供了各种模型，可直接进行模拟，也可加载各种模型进行仿真运行。

二是支持分布式交互仿真。通过DIS功能支持DIS协议，支持与其他仿真系统的数据交换，并可解释来自其他仿真系统的数据。

三是提供了很多现成的标准应用程序，可提供快捷开发、执行、分析和预览想定。

四是提供了一定的可视化功能，可对仿真过程和仿真结果进行可视化。可以二维和三维图形显示的方式来提供基于地形背景的可视化。其中增强型的三维模块可提供三维场景输入、三维图标输入、显示等功能。

此外，FLAMES的高级分析模块可提供定义并设置想定变量、多次执行同一想定以便分析想定结果等功能。

（6）主要特点

FLAMES最显著的特点就是它不是一个具体的仿真系统，而是一个用于开发仿真应用系统的开放体系的仿真框架。基于面向对象的设计思想，可支持对武器装备、作战行动、指挥决策、战场环境等方面的建模仿真，可实现联合战斗、联合战役和装备体系对抗等复杂作战行动的仿真评估，可应用于作战研究、模拟训练和装备论证等多个领域。

FLAMES的跨平台能力很强，可适应Windows、Sun Solaris、IRIX等多种操作系统；模型开发扩展性强，可支持二次开发，并可集成用户自定义的模型；系统整体软件架构灵活，具有独立的后台仿真引擎、单独的想定编辑器和可视化的回放模块；模型体系模块化强，支持构建面向对象的模型体系；仿真内核功能稳定可靠，具有丰富的高级服务模块；具有灵活的脚本配置、任务部署和数据管理功能。

2. EADSIM

EADSIM（Extended Air Defense Simul ation，扩展的防空仿真系统）由美军陆军空间与导弹防御司令部试验产品办公室管理，陆军战略防御司令部和陆军导弹司令部联合研制，美国 Teledyne Brown Engineering 公司具体承研。作为一个描述空战、导弹战、空间战的"多对多"仿真平台，该系统在国防分析与训练领域已得到广泛应用，是应用非常成功的军用仿真系统之一，在海湾战争期间为美军"沙漠盾牌"、"沙漠风暴"作战计划的制订与作战方案的拟制发挥了重要作用，为美军取得海湾战争的胜利立下了汗马功劳。目前，它的全球用户数已超过 390 个。EADSIM 系统可描述至武器平台层次，如单架战机，同时具有较详细的情报、侦察、监视功能模型，并具有灵活的想定管理功能，能够实施双边或多边的对抗模拟或仿真。

EADSIM 可对每一个武器装备平台以及平台间的交互、指挥控制决策处理和平台之间基于信息的通信、ISR 系统等进行建模，并有态势感知的扩展功能。该系统可用于从一对一到多对多的作战想定。它的建模范围包括：战术弹道导弹及潜射弹道导弹，各种飞机目标；防空导弹系统，防空指挥控制系统；空情图像生成与传播；作战飞机的对空及对地攻击；机场；预警系统；地对地火力、情报收集及处理；非战斗一般居民；通信网络、设施及消息量；电子战中对探测器及通信的干扰、电子及光电侦察；地形对探测器的遮挡、通信传播影响、对飞行的影响；跟踪区、导弹杀伤区、飞机拦截区等区域的表示；以及指挥控制系统的结构、指挥的原则、威胁排序分类、拦截对策等。其中各级指挥人员决策过程的建模是关键，它设法通过仿真每个指挥员所处信息环境及一套决策规则来实现。

作为一个攻防对抗、合成的军用仿真系统，为了模拟一个逼真的战场环境，在 EADSIM 中汇集了战术弹道导弹、海射弹道导弹、巡航导弹、弹道导弹防御系统、探测装置以及它们之间的互相影响。EADSIM 与数字化地形彩图紧密结合，通过图形化界面处理所有的参战系统，并通过提醒菜单为分析者提供一个动态的依次传递的环境。

由分析者构成的有效性度量可以用来评估系统性能参数的变化、作战过程以及正处于演变中的战术导弹防御的构成。

虽然最初的系统研制始于 1987 年，但该系统始终与仿真技术、战争形势、战场环境、武器装备的发展变化保持高度的一致和同步，不断改进与完善，因而 EADSIM 系统至今仍是美军仿真系统的代表。

EADSIM 的主要用户包括美国本土的空军研究与分析中心、海军分析中心、SDIO、海军航空系统司令部、陆军空间司令部、陆军战略防御司令部、陆军导弹司令部、空军战略司令部、外国技术部、电子战办公室、陆军防空炮兵学校、空军联合电子战中心、海军攻击战中心、国家试验中心、空军战术空战中心、空军电子系统部、SADO/JEZ 办公室、CENTAT 以及 Wales 有限公司等。除此之外，还有驻德 32 陆军防空司令部、美空军欧洲总部，美韩联合司令部，荷兰舰船技术中心，英国防御研究中心电子分部、SDI 伦敦办公室等。EADSIM 用户中许多已经联网，可以通过网络分享 EADSI M 的数据和分析技术。用户还可以通过反馈意见来评价模型，也可以提出软件改造的要求，研制者视情况接受这些要求，把它们分类，然后安排改进。因此，EADSIM 软件每 6 至 9 个月更新一个版本以便于满足用户的需求。此外，在美国首都华盛顿设有专门的信息机构，该机构定期聚会相互介绍研究成果和讨论问题。平时，用户可以通过免费电话寻求特殊的帮助这些问题将会逐个得到答复并记录在案以便改造现有的模型。

(1) 系统构成

EADSIM 仿真系统由仿真创建工具、作战模型、仿真后分析工具、图形分析工具 4 个模块或工具构成。

一是仿真创建工具。包括：想定生成、地图生成、想定报告生成器。想定生成应用提供输入、可视化和管理仿真数据的能力。地图生成应用提供集成化用户界面。想定报告生成器可生成格式化的想定报告。

二是作战模型。EADSIM 提供了多种作战模型，主要包括参演角色模型、任务/功能领域模型、物理模型和行为模型。

参演角色模型。主要包括：固定翼和旋转翼飞机，弹道和巡航导弹，卫星及友方或者敌方部队旅行攻防任务的地面平台，陆、海、空、空间系统等。

任务/功能领域模型。EADSIM 提供了很多任务/功能领域模型，这些模型主要有：防空、攻击行动、电子战和支援保障行动等。其中：防空模型包括地对空交战模型、防御性防空任务模型、飞行编队模型、空对空交战模型、空中态势生成与发布模型等。攻击行动模型包括进攻性防空任务模型、特殊任务近距离空中支援保障模型、敌防空压制任务模型、进攻性空中行动指挥控制模型等。电子战模型包括进攻性、防御性电子战模型、动态监视管理模型、电磁信息欺骗模型等。支援保障行动模型包括空中加油模型、空军基地管理模型等。后勤保障行动模型。主要包括飞机和战术导弹燃料消耗模型；武器库存消耗模型；物资弹药消耗统计模型；可靠性、可用性和维修性模型。

物理模型。EADSIM 系统的任务/功能领域模型必须依靠大量的物理模型进行支持，主要包括通信、传感器、运动、飞行等物理模型。其中，通信模型包括网络、消息、装备 3 种模型。传感器模型包括雷达、红外、被动式射频，以及情报传感器等模型。运动模型包括各种机动平台的运动模型，例如，固定翼和旋转翼飞机、巡航导弹、空对地武器、弹道导弹、地对空导弹、卫星和地面机动平台等的运动模型。飞机的飞行模型有 3 种表现形式（由 EADSIM 系统本身按飞机物理动力推进特性，即基于物理过程进行飞行路线计算的模型；由 EADSIM 系统本身按飞机给定拐点插值进行飞行路线计算的模型；由 EADSIM 系统外部给定飞机飞行路线的模型），主要有 10 种飞行模式（按计划轨道飞行模式；作战空中巡逻模式；飞行高度维持模式；预测拦截模式；Fpole 机动模式；模糊跟踪模式；用户自定义防御机动模式；空中加油行动模式；用户定义高度的地形匹配模式；用于所有模式的地球曲率感知计算模式）。武器模型包括针对各种武器系统的 4 种通用交战模型（空对地、地对空、地对地和空对空交战模型）；地形/环境模型包括自然环境模型，涉及地形、大气和该环境下的气象描述模型；干扰机模型包括干扰机及其对传感器和通信的影响模型；战区控制模型。战区控制是通过影响区的界定来实现并完成的，这些区域包括：导弹交战区、战斗机交战区、武器交战区，责任区，跟踪影响区，战术行动线，战区导弹防御区，友方坐标原点、敌方坐标原点、限制容量、禁止容量，防御告警区，作战区。战区控制中的影响区是由用户自己定义、用于最有效地区分和控制战场的地理区域。

行为模型。EADSIM 系统仿真对象的行为通过灵活的规则集来控制。这种规则集是一种在 EADSIM 系统中建立战斗管理模型的基本工具。例如，一个空基平台的规则集将能够控制飞机并且在必要时为了实现目标而实施空中机动。各个平台能实现由计划行为向反应性行为的转换。

三是仿真后分析工具。提供从报告中抽取数据的功能，包括回放与仿真后处理。回放程序提供了想定动态场景的可视化显示。

四是图形分析工具，包括：地形通视分析工具、通信网络连通性分析工具、飞行航线预览分析工具、侧视图分析工具、错误检查分析工具、平台状态分析工具、颜色偏好选择工具、系统计数工具、指挥链检查分析工具、空军基地相关信息分析工具、距离计算工具、纬度/精度/高度显示工具、显示偏好选择工具、飞机按指定时间抵达目标的起飞时间计算工具、弹道导弹发射/打击时间分析计算工具、弹道导弹性能分析工具、情报信息交互界面工具、干扰机干扰区显示工具等。

（2）基本功能

EADSIM 软件具有 3 种基本功能：仿真创建、想定执行、仿真后处理与分析。仿真创建提供了输入、可视化和管理仿真数据的工具集。想定执行时可以有选择地连接到其他模型、操作台站、战术硬件的运行模型来操作完成。仿真后分析工具提供了可视化作战过程的能力。仿真创建与仿真后处理与分析工具几乎完全包含在用于提供基本用户界面的图形窗口资源管理器中。

EADSIM 提供的图形信息十分丰富，可以表达想定生成、预览运行信息并将它发送给用户。这些图形信息包括：标绘有想定军标的彩色地形数据；战场任何位置的三维态势显示；预览带有飞行路线、地形剖面、攻击方与目标匹配和传感器通视显示的想定；开放文本窗口；地图标绘；缩放、漫游等。显示操作简单、描绘快捷，通过图形给用户提供大量的直接信息。

图形用户界面（GUI）提供一系列拖拉式菜单和许多点击式窗口，用于观看说明和输入数据。使用鼠标选中并将字段变为高亮度，可直接追加所有数据。此外，帮助窗口贯穿模型始终，以对专门输入给出一个简短说明，包括部队番号和示例。GUI 的另一个作用是想定生成和回放时用于图形显示。这种显示能提供仿真过程、规律、机理的一种直观描述，如交战、发射及毁伤等。EADSIM 也提供上下文场景的一致性检查。

（3）主要特点

EADSIM 最主要的特点体现为它是针对防空作战、并且集分析、训练、作战规划于一体的多功能仿真系统。具体有以下一些特点：

具有丰富的模型，包括防空作战的各种基本任务模型、各种行动模型、电子战模型、各种传感器模型、环境模型、武器模型、运动模型等。

通过建立空中态势生成与发布模型，实现航迹处理、目标识别，以及不同平台间航迹共享，实现针对不同用户的不同视图。

通过仿真后分析工具，实现对仿真过程的回放和对仿真数据的分析，便于实验人员对仿真过程和仿真数据进行反复研究。

3．JSIMS

JSIMS（Joint Simulation System，联合仿真系统）是美军 3 个重要的“联合”系统之一（另外两个是 JWARS 和 JMASS），对美军仿真、模拟研究、训练、演练等具有重要贡献。该系统曾经是新一代大型联合作战仿真系统的代表。作为面向训练的分布式仿真系统，其目的是支持美军部队的训练，针对不同类型使命任务，为各执行阶段提供逼真的联合训练。JSIMS 通过提供战场空间的通用环境视图和作战视图，创造了无缝的一体化联合作战空间，与指挥、控制、通信、计算机和情报以及其他装备相互连接，为受训者提供与一体化联合作战空间之间的交互，最终目的是提供一个近似实战的联合训练环境。JSIMS 主要应用于美军的总司令部/联合部队指挥机构训练、军种/部门（局）训练、规划和分析、职业军事教育、军官教育、条令编制、机组/小组演习。

（1）体系结构

JSIMS 由各军种/部门的模拟仿真系统联合构成，包括：陆军模拟系统、空军模拟系统、海军模拟系统、海军陆战队模拟系统、通用组件、建模与仿真办公室（DMSO）模拟系统、国家安全局模拟系统、国家情报局模拟系统、联合部队模拟系统等组成。这些系统在体系结构上遵循 HLA 规范，底层结构包括仿真支撑结构、安全服务、通过组件、C^4I 转换接口和分布式仿真资源等（如图 3－4 所示）。

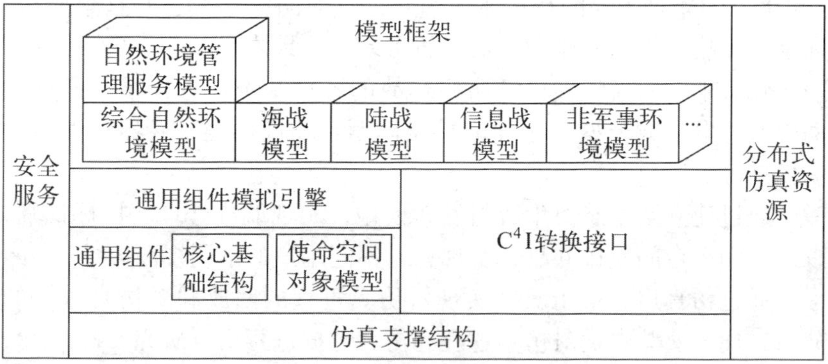

图 3－4　JSIMS 系统的体系结构

在模型框架中，JSIMS 拥有大量模型，包括综合自然环境模型、自然环境管理服务模型、陆战模型、海战模型、空战模型、天战模型、电子战模型等。

其中：

综合自然环境模型包括陆地地形模型、大气模型和海洋环境模型。

自然环境管理服务模型包括图形用户接口（GUI）、应用编程接口（API）、算法实现和数据可视化。

陆战模型、海战模型和空战模型等作战模型包括各军兵种的主要作战模型。

非军事环境模型包括后勤补给、油料、通信带宽等描述模型，每个模型都有仿真存储、运输、生产和消耗4类要素。

（2）基本功能

JSIMS系统为分布在世界各地的美军指挥人员、指挥机构、联合部队以及其他联合组织机构提供了用来支持军种或联合训练、使命演练、联合演习和职业军事教育、条令拟制、研究战术制定和评估作战计划、评估作战态势、定义作战需求的一体化计算机模拟环境。系统具有以下基本功能：

利用通用组件，可创建不同的模拟环境。

利用综合自然环境模型可提供对陆地地形、大气和海洋环境的模拟，包括对环境的基本分析，在大气环境方面，更是提供了每6小时更新一次的全球动态数据库；利用自然环境管理服务模型，可实现自然环境数据编辑，从而为仿真提供战场环境的按需服务。

利用可视化工具双视显示仪（DDV），实现对编辑前和编辑后的环境的同时和分别三维显示。

（3）主要特点

JSIMS的主要特点是：

软件总体架构分为对象层、支持层和应用层。

JSIMS的模型框架中拥有大量各类模型，包括基础模型、作战模型和非军事环境模型，并且还在不断丰富。

提供战场环境的设计与定制功能，即实现环境数据的按需服务，可根据想定需求“裁剪”数据。

提供双视显示仪，提供战场环境数据设置前和设置后三维可视效果的同时显示和分别显示，便于观察、对比和分析。

4．JAS

JAS（联合分析系统）的前身是JWARS。JWARS是美军三大

"联合"系统之一，是战役级的推演仿真系统，由国防部长办公室主持开发，2006 年 8 月起更名为 JAS。该系统在美国国防部长办公室、联合参谋部、后勤部、美军作战司令部等部门都得到了应用。JAS 定位于联合、一体化、基于感知的战区作战仿真分析，目的是替代那些不能集成的已有模型系统（TACWAR、MIDAS、CEM、Thunder、ITEM、EADSIM 以及 Summits），满足国防部在当前及今后一段时期内的军事行动全频谱分析需求（包括非军事行动领域的分析需求）。在 JAS 的研发中，运用了最新的仿真技术，构建了多方参与的战区级仿真模型体系，体系以 C^4ISR 为核心，着力构建并完善了战略机动、战区后勤、联合作战行动和 C^4ISR 模型，仿真分析功能涵盖陆战、海战、空中与太空战、战略机动、战区后勤、特种作战、兵力投送、情报战等。

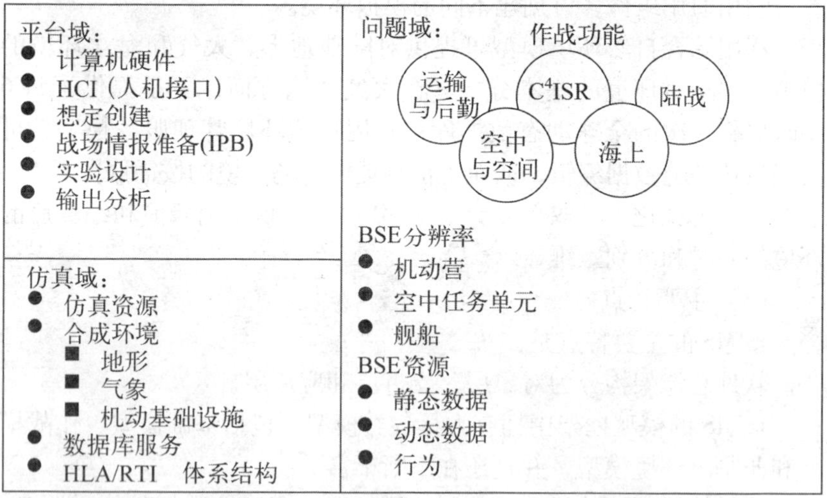

图 3-5 构成 JAS 的三个域

（1）体系结构

系统由 3 个软件域组成，最终集成为一个可执行软件包，支持战役研究与分析。这 3 个软件域分别是：问题域、仿真域和平台域。问题域提供描述分析目的和作战功能的软件；仿真域提供驱动仿真运行的引擎和三维战场空间，这里所说的三维战场空间是指部署了战场空间实体（BSE）的合成自然环境（SNE）；平台域为分析人员和其他人员提供输入、输出人机接口及相关硬件。图3－5所示为3个软件域的概况。

JAS的问题域本质上是对问题域中的军事概念和军事实体进行建模和相关算法实现。在JAS中，表示军事力量和系统基础构成的模块叫做战场空间实体（BSE）。陆军的BSE分辨率为营、空战的分辨率为飞行编队、海上力量的分辨率是舰船、情报侦察与监视系统的分辨率是平台，还包括港口、机场、师司令部、化学云等特殊实体。BES具有固定的静态属性（如分队的编成、导弹系统的火力范围等）与动态属性（如部队战斗力、位置等）。所有的BSE都有指挥与控制能力。

BSE的组成如图3－6所示。在系统中，BSE的交互（如感知、战斗损耗）都是作为仿真事件按计划调度，由各种算法来实现。

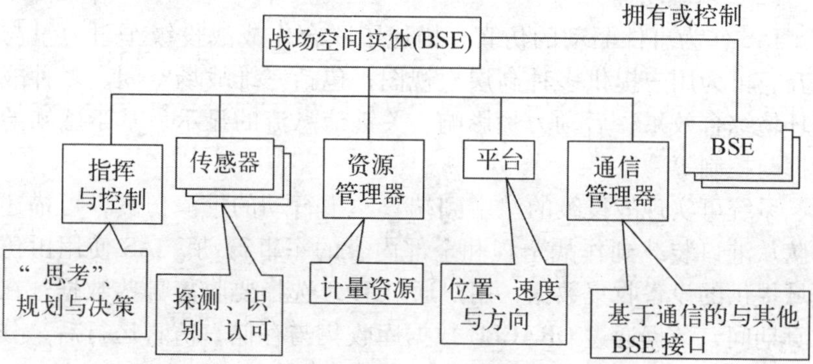

图3－6　BSE的组成

仿真域提供了仿真系统能够正常运行的全部资源开销和BSE运行的仿真的合成自然环境（SNE）。这些资源包括事件年表、随机数发生器、坐标系统和数据收集代理等这些必需的基础设施。这些资源也包括系统管理器一类的资源，它们是JAS问题域功能模块开发者所开发的程序模块。仿真域管理器主要包括以下内容：

空间管理器：包括地理空间过滤器，可最大限度地减少战场空间交互，降低系统资源消耗。

运动管理器：控制并管理 BSE 的运动。

交互管理器：当 BSE 感知到对方时告知 BSE。

环境管理器：告知各个 BSE，它所处的物理环境。

裁决管理器：按照一定的规则评估交战结果。

事件管理器：管理时间与活动。

数据收集器：在仿真运行期间收集数据。

仿真管理器：将所有组件捆绑在一起，完成一项仿真。

为支持对仿真数据的管理，仿真域还以 ORACLE 作为底层的数据库，管理系统，提供对底层数据的管理和输入、输出、访问。

平台域包括仿真系统运行的硬件、用户控制仿真系统与之交互的人机界面（HCI）。HCI 用于支持想定创建、战场情报准备、运行控制与输出分析。

（2）基本功能

JAS 作为事件驱动的仿真，描述了联合作战战役级军事力量与交互，可为用户提供多种高层次视图，包括三维战场空间、多种战场环境综合效果、后勤力量影响、关键信息流的显示、基于感知的指挥与控制等。

系统可实现战役级的“端到端”军事行动的推演仿真，可描述部队从港口装载到作战全程和全部内容的军事行动。JAS 使用由仿真域提供的设备收集数据，用户通过 HCI 选择要收集哪些数据；在仿真期间，数据通过 ORACLE 数据库收集与存储；仿真运行后，分析人员使用 JAS 本身提供的分析工具使仿真结果可视化。

（3）主要特点

JAS 的主要特点是：

在功能上实现了战役级“端到端”军事行动的全谱推演仿真，可对整个过程和所有方面进行仿真分析，可提供“从港口到散兵坑”的全战役精细场景视图；还可进行战略与战役后勤的影响分析；通过 HCI 为不同用户角色提供了多种功能，如分析人员可以创建和修改想定、设置仿真参数、进行分析；建模人员可以创建新的实体或修改已有实体；管理员具有控制管理能力等。

在设计开发上，从设计开始都是以 C^4ISR 为中心进行考虑，系统中的所有 BSE 的指挥与控制都是基于仿真事件中的“感知事实”，而不一定是“真实的事实”或“客观事实”，而之前的战役级仿真中的指挥与控制都是基于仿真系统中的“客观事实”。这样，仿真事件和分析结果都更接近于真实。此外，系统中仿真对象之间交互的信息流都使用 OODA（观察、判断、决策、行动）环，即对 C^4ISR 的 OODA 环范式进行了虚拟和可视化。

此外，JAS 在运行中需要花费较长时间建立有经验的专业化用户团队。

5．JTLS

战区级联合作战模拟系统（JTLS）是一个交互式的、多方参与的作战推演系统，可实现对包括陆、海、空等作战环境于一体的联合作战建模，涉及后勤、特种作战、情报支持等多方面。该系统由美军战备司令部负责牵头，联合陆军战争学院、陆军军事构想分析局共同投资研发，自 1983 年开始正式签订合同进行研发，1984 年进行了首次试用，此后每年都更新升级，发布新的版本，在 1992 年更是进行了全面升级改造。从 1996 年开始，美国以外的许多其他国家和地区开始使用 JTLS。迄今为止，JTLS 的用户包括联合作战中心、勇士预备中心、联合部队司令部、中央司令部、欧洲司令部、南方司令部、航空航天研究中心、海军研究生院、联合部队司令部驻韩部队、澳大利亚国防军作战中心等众多单位，在美日联合“刀锋”（Keen Edge）演习等各类军事演习中得到了应用。

（1）体系结构

JTLS 包含许多支持工具，包括想定准备与支持工具、系统设置和初始化工具、战斗事件程序和参演人员接口程序（如图 3－7 所示）。

其中：想定准备和支持工具用于读取初始化文件，并按照有关数据一致性和有效性的信息处理数据，然后生成新的数据文件。

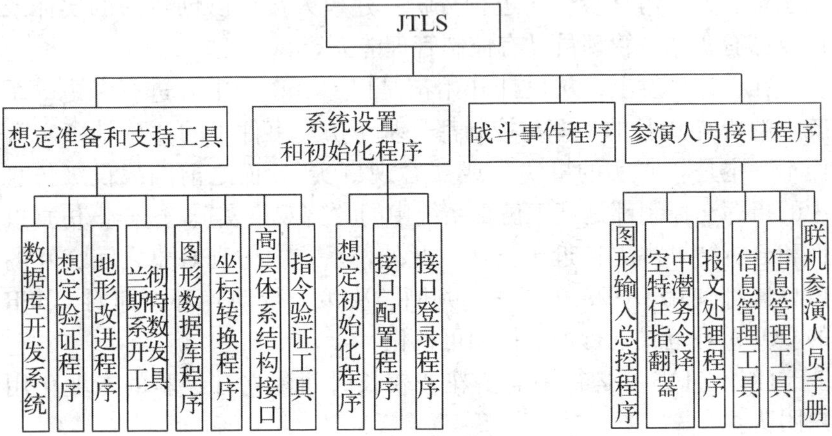

图 3－7　JTLS 体系结构图

（2）基本功能

JTLS 通过战斗事件程序（CEP）来模拟空中、陆上和海上部队的所有军事行动和相互作用，该程序可生成、保持并报告所模拟作战环境的当前状态，并提供空中、地面、海上作战推演功能和情报功能、后勤功能。对于给定的想定，最多可模拟 10 个参与方。

空中功能可对空中预警和控制系统、电子战、空中加油、防御型防空、地面水面攻击、反潜战、空中拦截、空中巡逻等空中作战行动进行模拟仿真；地面功能可表现直接与间接火力导致的损耗、机动、进攻、防御、军事工程、布雷行动等；后勤功能包括后勤对战斗力的影响、运输补给、供给、运输网络、补给与分配等；海军功能包括空中功能所需的舰载任务、海上输送、特混编组或编队、海上进攻与撤退、海上巡逻、潜艇战等。

此外，在系统的运行控制和管理方面，技术人员可以利用任意文本编辑器来编辑生成后的数据文件。

（3）主要特点

JTLS 是基于网络环境的交互式典型兵棋系统，最多可支持 10 个参演方、每方可设定6类人员（联合指挥官、地面行动指挥官、空中行动指挥官、海上行动指挥官、情报官、后勤官）参与推演，为复杂的联合作战提供了充分的可能情况。各个参演方可以与其他方指定敌、友、可疑、中立等多种战斗关系。

以战斗事件程序作为系统的核心程序，提供想定所定义和模拟的空中、陆上和海上部队的所有军事行动和交互。

对陆上、空中、海上和情报、后勤等方面的作战行动建模仿真粒度较细，可对各种行动进行仿真。

可支持Space Solaris、x86 Solaris和x86 Linux三种操作系统。

应用广泛，在美国和北约部队中得到广泛应用。2003年开始，我国台湾地区每年借此进行“汉光兵棋推演”。

6. STK

卫星工具包（Satellite Tool Kit，STK）是美国分析图形有限公司（AGI）公司推出的应用与航天领域的先进的、商品化的卫星系统分析软件，至今已发布到第10版。它能方便快捷地帮助用户编制飞行计划，进行飞行任务分析和实时机动，可提供逼真的二维、三维可视化动态场景以及精确的图表、报告等多种分析结果。STK软件在美国情报与安全司令部（INSCOM）、美国国家航空航天局（NASA）、美国国际电报电话工业公司（ITT）、美国数据融合公司（DFC）等多家军方和地方机构均有应用。

（1）体系结构

STK软件包括3个版本，分别是STK基础版、专业版和专家版，这3个版本在STK的附加模块中都进行了扩展。其中，基础版对所有用户免费，提供海、陆、空、太空等基本空间分析能力。专业版和专家版都提供了强大的高清三维视觉效果的分析能力及解决更复杂的设计和更专业问题的能力。STK专业版结合了对象链路分析，分析并发布虚拟数据格式的文件（VDF）和输入输出地理信息系统（GIS）文件等功能。专家版有更广泛的分析解决方案，它包含了专业版的所有功能、STK集成模块、STK地形、影像、地图模块和所有的STK标准分析模块的功能（如图3-8所示）。此外，STK还具有一些拓展模块，如连接模块（STK/connect 和 STK/server）、分布式仿真模块（STK/DISIM）、GIS 拓展接口（STK/GIS）、MATLAB 拓展接口（STK/MATLAB interface）等。扩展模块为其他 STK 模块和各种其他软件提供可用接口。

(2) 基本功能

STK 的基本功能包括：

分析功能。以复杂的数学算法迅速准确地计算出卫星任意时刻的位置、姿态，评估陆地、海洋、空中和空间对象间的复杂关系，以及卫星或地面站遥感器的覆盖区域。

传感器分析。传感器可以搭载在任何空基或地基对象上，用于可见性分析的精确计算。传感器覆盖区域的变化动态地显示在二维地图窗口，包括多种传感器类型（复杂圆弧、半功率、矩形、扫摆、用户定义）。

可见性分析。计算任意对象间的访问时间并在二维地图窗口动画显示，计算结果为图表或文字报告。可在对象间增加几何约束条件，如遥感器的可视范围、地基或天基系统最小仰角、方位角和可视距离。

链路分析。具有对两个对象间进行可见性分析的能力，允许用户分析多个对象同时可见的时机。链路是 STK 对象如卫星、地面站、船只、遥感器等，按一定顺序建立的通信或数据传输路径。STK 可以建立星座，星座可以是多个卫星组成的卫星星座、或多个地面站组成的地面站网络、地面目标群和遥感器组。另外，STK/Chains 强大的图形显示能力使用户可以直观地描述众多对象之间的复杂联系来进行高层次的交流或详细分析。

可视化的计算结果。STK 在二维地图窗口可以显示所有以时间为单位的信息，多个窗口可以分别以不同的投影方式和坐标显示。可以向前、向后或实时地显示任务场景的动态变化：空基或地基对象的位置、遥感器覆盖区域、可见情况、光照条件、恒星/行星位置，可将结果保存为 BMP 位图或 AVI 动画。

全面的数据报告：STK 提供全面的图表和文字报告总结关键信

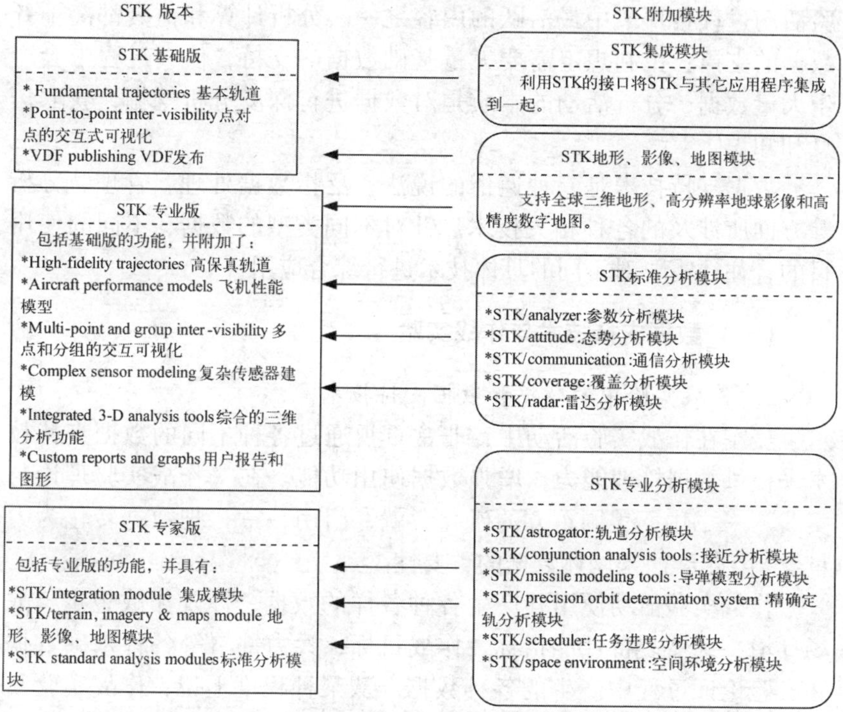

图 3－8　STK 的三个版本和各大模块

息，包含上百种数据，用户可以为一个对象或一组对象定制图表和报告。所有报告均以工业标准格式输出，可以输出到常用的电子制表软件中。

（3）主要特点

STK 的主要特性和能力表现为：分析能力，访问计算，遥感器分析，姿态分析，全面的数据报告，可视化的计算结果，平台的独立性，友好的用户界面。

三、数据支持技术

在作战实验活动中，数据是一种重要的基础性支撑，是作战实验活动过程各环节中最活跃的内容之一。分析计算和仿真都离不开数据的支撑：拟制想定需要大量基础数据的支持，仿真过程中会产生大量数据，分析活动的本质是对数据进行深度分析挖掘，获取信息和知识。

数据支持技术是一种通俗的说法，泛指数据处理、管理、分析等方面所涉及的各种相关技术。针对不同类型的数据、不同的使用目的，往往需要对不同的具体技术进行综合应用。

（一）数据支持技术与作战实验

1. 作战实验中的数据和数据支持技术

美军在作战实验活动中，非常重视通过各种不同的数据支持技术来提供数据管理能力，增强数据使用功能。在《作战实验理论与实践》一书中，美国军方的研究者就专门用一章“把数据转化为力量”（第九章）来阐述数据的重要性。

作战实验活动使用并产生各种各样的数据，涉及作战想定、战场环境、武器装备性能指标、作战目标、兵力部署等各种基础数据和实验论证过程中产生的各种数据。从某种程度上说，作战实验是运用数据、产生数据和分析数据的过程。

作战实验中所需的数据，从不同的角度看，主要有 4 种不同的分类方法。

一是按照作战实验数据使用者的性质来分，可以分为供人使用的直观数据和供软、硬件系统使用的数据。前者可以是数值、文字、地图、图片、图表等；后者可以是某种特定格式的数据文件或不同程序之间请求与响应的字节或数据包等。

二是按照作战实验数据的内容来分，包括了作战实验所涉及的各个领域、各个方向上的有关数据，通常包括体制编制、兵力部署、武器装备、战场环境、作战效能、作战想定、作战目标等数据和仿真过程数据、仿真结果数据等。每类数据提供和作战实验相关的一个方向或领域的数据。

三是按照作战实验数据的存储管理特点来分，可以分为存储于关系数据库中的数据、以数据文件形式存在的数据、文档、图片等各种具有不同存储和管理、使用特点的数据。

四是按照作战实验数据的模式来分，不同的应用系统可产生多种模式的数据，有存储于数据库中的结构化数据、以 XML 等形式存在的半结构化数据，以及文本、视频等非结构化数据。

2. **数据支持技术在作战实验中的作用**

美军在作战实验中充分应用了信息技术，形成了包括各种先进数据支持技术在内的数据支持技术体系，可根据数据性质不同、使用需求的不同，对各种数据支持技术进行综合运用。数据支持技术按照应用环节的特点和作用的不同，主要包括数据采集技术、数据存储技术、数据管理技术、数据融合技术、数据分析技术以及可视化技术等。

在作战实验的全过程中，几乎都离不开对数据的依赖和使用。相关数据技术对实验的支持也贯穿于实验活动的始终。例如，由军事人员拟制作战想定、进行情况分析研判、对战场环境和战场态势进行观察分析等，都离不开数据技术的支持。拟制作战想定，需要有作战目标数据、兵力部署数据、武器装备数据等，这些数据往往来自于不同的数据库甚至不同的应用系统，因此数据库技术、数据融合技术和数据交换技术为综合使用这些数据提供了支持。进行战场环境和战场态势的观察、标绘与分析，离不开 GIS 技术和二维、三维可视化技术和标绘技术的支持。在数据的准备和管理阶段，数据获取技术、数据存储技术、数据管理技术以及数据安全技术是实现相应功能的关键。

在作战实验活动的进程中，不同的环节对数据的侧重和使用数据技术的情况有所不同。例如，美军在实兵或半实兵演习中的数据采集环节，运用专门的数据采集技术收集实验数据，包括通过各种传感器来实现原始数据的自动在线采集，然后利用数据转换与数据融合技术来进行数据加工处理，此外还利用调查问卷等离线方式进行一些非形式化数据的采样和收集。

在数据处理环节，主要还是利用数据库技术来实现数据的存储、管理和统计、计算，通过数据库技术来开发所需的应用系统和软件功能。此外，美军还非常重视利用常见的软件工具来对小样本量数据进行处理、统计。从兰德公司的许多研究报告中，可以发现大量使用 Excel 软件来对数据进行处理的例子。

在实验分析环节，美军在 90 年代之前，主要利用统计分析技术来进行数据的统计、分析；在 20 世纪 90 年代开始借助数据挖掘与联机分析技术来进行数据的多模式分析，包括聚类分析、关联分析等；进入 21 世纪后，借助 Web 技术来开发具有网络模式的应用系统，随着 XML 技术的推广应用，开始借助 XML 来实现数据的语义描述、数据的跨平台、跨语言交互与应用。

（二）数据采集技术

数据采集是通过自动、人工等多种方式，按要求获取所需数据的手段和过程以及将数据进行数字化和标准化的过程。

美军在作战实验建设的早期就对数据采集重要性有了比较充分的认识，认识到数据采集是作战实验数据准备的基础，针对不同情况下的数据采集需求，研制了不同的数据采集技术和工具。美军主要的数据采集方式有自动采集和人工采集。

自动采集：针对大量的实兵演习和靶场实弹实验数据，已经建立了比较成熟、成规模的自动化数据采集机制。主要是利用研制的自动化数据采集终端设备，配备到单兵或单个武器装备平台上，在实验过程中实时全程自动记录单兵或单个实体的状态信息，同时生成相应格式的数据文件，根据数据采集和数据处理的需求，利用物联网技术进行实时发送，或按照预设的时间节点进行打包发送，或在实验完成后，由读卡器等设备进行集中式的数据卸载，一次性导入软件系统，实现数据汇总。对于实验室内的实验活动，由于主要借助各种计算机系统和网络，既可以利用数据预处理技术和系统实现实验所需数据的批量采集、导入和预处理，还可以实现过程数据的实时采集与共享。

作战实验中还有一些数据可以通过屏幕抓取、电子邮件归档、信息请求、数据库快照等方式直接从系统采集；随后定期对这些数据进行检查，确保以恰当的格式提供预定好的数据。时间间隔取决于预期的数据量和对数据时效性的要求。数据量越大，则时间间隔越短，以确保每次采集活动的实施时间不是很长，不会和数据检查验证活动的时间发生冲突。数据的时效性要求越高，采集数据的时间间隔也越短，以确保能及时采集到所需的新数据。

人工采集：在很大程度上借助了最新的信息技术，如利用软、硬件相结合的计算机系统，借助扫描、语音录入、模式识别等信息领域内的新技术和新产品，将分散在纸质文档中和其他遗留系统中的数据，进行转化、录入。例如，对纸质数据的数字化采集，需要通过扫描进行初步数字化，但此时得到的数据还是无结构的，即软件系统还无法识别其中的一个个数据，而是把它当做一个扫描得到的图像文件来保存。这些数字化数据，还只能供人阅读和识别。可以借助模式识别技术和软件、工具，将扫描得到的图像文件中的特定文字、符号、数字等抽取出来，按照事先定义好的格式进行处理，如进行数值分类、规约等，然后按要求进行保存，以供事后使用。

目前，美军在数据采集方面，主要强调针对全球范围的、针对各种海量数据，特别是各种传感器和互联网的实时数据采集。该需求已纳入 DARPA（国防高级研究计划局）的大数据研发项目计划。在作战实验中，美军也非常注重第一手数据的采集，除了充分利用商用软、硬件工具和系统进行采集，还针对雷达、卫星等特殊探测器的数据采集开发了一系列专用工具或系统来进行数据采集。与此同时，美军还非常重视在数据采集过程中，尤其是涉及人的活动部分的数据时，采集样本的客观性和科学性。美军通常的做法是按照统计学方法精心设计对照组，以便发现、筛查出人工影响因素。

（三）数据融合技术

美军对多源数据融合技术的研究始于 20 世纪 70 年代初期。当时美军发现，利用计算机技术对多个独立的连续声呐信号进行融合后，可以自动检测出敌方潜艇的位置。这一重大发现使得数据融合作为一门独立的技术首先在军事应用中受到青睐。美军成立了专门机构来指导这一方面的建设和应用。

1987 年，美国国防部数据融合小组联合指导委员会（JDLDFS）对数据融合给出了定义：“对从单信息源或多信息源获取的数据和信息进行关联、组合等处理，以实现对位置、性质、价值等内容进行更精确的判断和评估，并对态势、威胁及其重要性进行实时、全面的评估。这种处理的特点是它不断对评估结果进行优化，并且评估是否需要额外的数据源或不断修正处理过程本身以获得更优的结果。”

1988 年美国国防部实验室联合指导委员会数据融合小组提出了军事领域的数据融合通用模型，后经过扩充完善，成为图 3 -9 所示的经典 5 级结构模型。

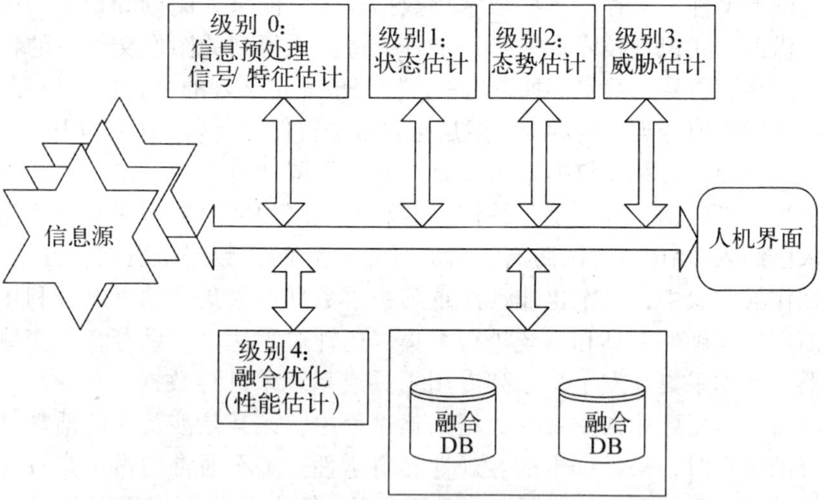

图 3 -9　数据融合模型五层结构

美国国防部从 1988 年开始起把多源数据融合列为重点研究开发的 20 项关键技术之一，并列为最优先发展的 A 类。美国相继研究开发了几十种军用多源数据融合系统。美陆海空三军在战略和战术监视系统的开发中采用多源数据融合技术进行目标跟踪、目标识别、态势评估和威胁估计，并研制出已广泛应用于大型战略系统、海洋监视系统和小型战术系统的的第一代数据融合系统，其中包括：战术指挥控制系统、多平台多传感器跟踪信息相关处理系统、海军战争状态分析显示系统、辅助空中作战命令分析专家系统、空中目标确定和截击武器选择专家系统、自动多传感器部队识别系统、目标获取和武器输送系统等。

进入20世纪90年代后，美军研制的数据融合系统主要有：全源信息分析系统、战术陆军和空军指挥员自动情报保障系统、敌态势分析系统等。2003年8月美国国防部提出《军事转型中的横向融合》白皮书，注重横向融合尤其是数据融合，目的是加强系统的横向互通能力特别是数据融合能力。

在作战实验中，美军对多源数据融合技术和产品、系统的应用，多体现在实兵演习数据的融合与实装实验数据的融合上。在作战实验相关软件系统中，主要体现两个层面：一是利用数据融合的一些关键技术或成熟算法，实现实验活动所需的各种基础数据的融合，例如战场环境信息的数据融合、侦查探测跟踪目标信息的数据融合等；二是将实验过程，尤其是联合实验过程中产生的各种数据进行融合，便于统一分析、最终支持决策。

（四）数据共享技术

美军在作战实验系统建设和作战实验活动中不断提高对数据共享的重视，对数据共享技术的应用也不断推进。数据共享技术一直是其作战实验中使用的重点信息技术之一。许多实验系统由单机版升级换代为网络版，数据共享技术是其中的重要支撑之一。跨系统之间互联互通、联合实验等也都借助于数据共享技术。

在分布式仿真等具体应用中，美国防部指导开发了许多具体的数据共享应用，将已有的各种系统及其数据进行共享。例如，将JCATS与JTLS等多个其他仿真系统进行HLA联邦继承，配合使用。在联邦中，JTLS对整个战区的军事行动进行覆盖，JCATS负责对战术级行动进行模拟，即负责 JTLS 所覆盖的范围内一个较小的区域内的军事行动。通过联邦中的数据分布管理和声明管理等模块之间的分工协作，实现对同一个对象实体的共享。其中数据分布管理模块用于对数据进行选择过滤，声明管理和对象管理模块用于声明、发送和接收数据方面的管理与控制。通过这些共享机制，JCATS 和 JTLS 联邦实现了不同系统对数据的共享，并可在不同分辨率上展示相应的实体。

2007 年年初，美军陆军仿真、训练与工具规划执行办公室发布了半自动化兵力目标系统。该工具作为一种组件，为美军各领域中的有关实验和训练方面的发现和改进提供共享机制，而无需对各个仿真系统进行分别更新维护。该组件的工作机制是在多个仿真之间建立虚拟联盟，通过在虚拟联盟中创建链接，实现联盟成员之间的数据共享，进而实现各仿真系统之间的互操作。该软件发布之初，即安装了 120 套，应用涉及地面作战、战斗支援、战斗勤务支援以及指挥、控制、通信、计算机与情报等多个方面。

解决数据共享问题的技术方案有不同的技术路线，但总体思路基本不变，即基于网络进行有限的数据共享。在这样一个总体思路下，美军在不同的实验条件下应用各种数据共享技术，开发实现了不同的数据共享功能，主要有以下 4 种：

一是基于局域网的授权共享访问：利用网络安全控制和在应用系统中开发的共享访问控制功能，提供数据共享。这种技术，目前已没有任何技术瓶颈和开发难度，只是需要将应用需求梳理清楚，对共享内容和访问权限等级进行设置即可。

二是基于请求/应答的定制式共享机制：比上一种方式灵活。可以根据实验过程中军事人员的动态需求提供不同平台、系统之间或不同客户端之间的数据服务。这种机制设计起来有一定的难度，主要集中于对请求的实时包装与解析，对请求响应集的实时生成与包装。在具体的技术实现上，通常借助于 XML 来实现。

三是基于服务的灵活共享机制：比前两种方式更加灵活。在面向服务的体系架构下，原有各应用系统和底层数据存储与管理机制保持稳定，通过对原有系统功能进行服务包装，实现服务定制、服务请求与服务响应，提供灵活的跨平台、跨语言、跨系统的数据共享功能。

四是基于云计算的更加灵活的共享机制：借助云计算技术，美军对原有的数据共享机制和产品进行了改造，实现了多个可提供不同专业服务的“云”，为分布式实验提供了更加灵活和广泛的共享机制。

从上面4种共享机制的发展来看，美军注重借助最先进的信息技术，开发实现更加灵活可靠的数据共享应用。

（五）数据管理技术

美国作为数据库技术和数据管理技术的强国和大国，其数据管理技术在很多领域都有广泛的应用。

美军在作战实验中，对数据管理技术的应用状况，是多种数据管理技术并存，注重系统之间的整合与历史遗留系统的改造。

由于美国和美军的IT项目建设与发展时间较长，因而经历了多种数据管理模式，从文件数据管理到层次、网状和关系数据管理模式，从集中式管理到分布式管理，这些技术在各个作战实验应用系统和业务系统中都得到了充分的应用。在数据管理基础商用软件的选择上，也比较务实，既有面向小型和一般数据规模的Access、SQL Server等，也有面向大型、海量规模的高端产品Oracle等。此外，在应用中，尽管原有的数据管理系统和数据模式相对比较稳定，但对数据的深度和广度应用一直非常关注。通过数据深度挖掘、整合、模式识别等许多新技术的应用，实现数据的增值效益。

（六）数据挖掘技术

自从数据挖掘技术得以应用开始，美军对数据挖掘的认识和重视程度就不断提升。“9·11”事件之后，出于对国土安全考虑的需要和反恐活动情报的需求，美军尤其重视对互联网信息进行数据挖掘，包括从电子邮件、电子商务订单、实时通信数据中通过数据挖掘察觉异动，以便尽早发现问题、采取行动、控制态势；在通过实验进行精确打击和有关 OODA（观察—瞄准—决策—行动）相关理论的试验时，数据挖掘技术的重点应用方向是基于图像、基于视频这样非结构化数据的挖掘，用于识别、发现或预测敌方的重要目标、佯动或战役战术机动。在技术上注重对数据的预处理效率提高和挖掘速度的改善。被挖掘数据基本来自各机构的仿真数据、演习数据，还有来自最近若干年的一些实战数据，如科索沃战争、阿富汗战争，以及伊拉克战争等。

在作战实验领域中，数据挖掘技术主要应用于对仿真和演习所产生的大量数据进行挖掘和知识发现。

美军主要应用的数据挖掘技术有针对结构化数据的常规数据挖掘和针对半结构化或非结构化数据的文本挖掘。这些挖掘技术正逐步在仿真工具中发挥日益重要的作用，但在应用中也面临一些困难，如缺乏自动或半自动的本体创建工具，在处理照片、视频和音频数据等方面的能力有限，从 PDF 和 PowerPoint 等其他格式的数据源中抽取数据的能力有限，缺乏针对流式数据进行实时处理的工具等。

（七）数据可视化技术

美军在作战实验研究和应用中的可视化是一种综合的可视化，包括对各种所关注数据的展示，重点强调简洁明了、突出直观效果。对于作战实验数据的可视化，主要应用包括战场态势的可视化、重点数据的突出展现，分析结果的直观展示等方面。

在战场态势的可视化方面，除了 STK、FLAMES、EADSIM、Skyline 等各仿真平台和 JAS 等分析工具自带的战场态势可视化工具以外，还应用了 NASA、ArcGIS 等地理信息平台，对战场态势进行二维、三维展示。在训练方面则比较多地借助了虚拟现实技术。在伊拉克战争中，美军为使参战人员尽早熟悉战场环境并最大限度地减少战地伤亡，在派驻前对每一个士兵都进行了以巴格达及其周边地区为背景的战术模拟训练，其中的战场环境以巴格达城市地形为主，细化到每一条街道和街道两侧的每一座建筑物。

在重点数据突出展现方面，应用上已不存在技术问题。展现效果的好坏，很大程度取决于读者或观众的喜好和习惯与数据特征的结合度。美军在这一方面最常用的仍然是借助 PowerPoint 这样的展示工具，通过对数据进行筛选、重组等方式，将要展示的内容“浓缩”在有限的视野资源中，充分利用高亮、着色、填充、字体、字号等视觉元素，将重点数据放在最突出的位置，引起读者的高度关注。

在分析结果的直观展示方面，应用中也已不存在技术问题。出于便于决策者理解、接受分析结果这一目的，在展示时应充分考虑内容的组织和形式的鲜明，同时要确保内容和形式的统一。美军在分析结果的展示方面，并无固定的模式，但一般会将问题背景、问题本身、分析的主要思路和技术方法、分析结果以及相关建议一并打包进行综合展示，但在各部分的比重上很有讲究。为突出分析结果，往往根据需要采用不同的技巧，有的是开宗明义，直奔主题，然后进行相应的解释和说明，也有的是通过阐述，让读者有自己得出分析结果的感觉。但通常是采用第一种风格。

从数据存储管理到数据挖掘分析，从分布式计算到云计算，数据在各种科学实验活动中的基础性和关键性作用早已得到人们的重视。数据是资产、是财富、是重要的战略资源，也已成为各国军方和国家高层的共识。2012 年 3 月 29 日，奥巴马政府发布了《大数据研发计划倡议》，联动国防部、国家科学基金会、国土安全部、能源部等多个政府部门，投资 2 亿美元，启动大数据研发计划，针对全球范围的海量数据进行收集、存储、管理、分析等方面的研发，旨在通过大数据研发，发现并掌握数据的巨大价值。所有这些举措，都彰显出美国防部和美军对数据的充分重视以及数据支持技术在作战实验乃至整个国防中的重要作用。

思考题：

1. 归纳总结美军作战实验中，军事运筹方面所使用的各种模型。

2. 综述美军作战实验中建模仿真的新技术和新应用。

3. 搜集相关资料，讨论数据挖掘技术在美军作战实验中的应用现状。

4. 分析各项数据支持技术在作战实验中的应用环节和发挥的效用。

5. 查找并学习有关战略—战役决策树的内容。

第四讲　美军作战实验案例分析

20 世纪 90 年代以来，美军从第一次联合作战实验“联合行动 1999—1”开始，成功地组织实施了多次联合作战实验，开发并检验了未来作战概念和能力，探索形成了一套联合作战实验理论和方法。通过对美军几个典型作战实验案例的分析，可以深入了解美军作战实验的组织方法、实施过程和技术手段。

一、“联合行动 1999—1”：面向联合作战概念开发的实验

1996 年，美军参联会发布《联合构想 2010》，指出为应对未来面临的军事挑战，美军需要提高联合作战能力，加速从技术革新到军事能力提升的转换进程。1998 年，参联会发布的《联合构想 2010 实施主计划》中明确指出，联合作战实验是实现《联合构想 2010》目标的战略手段之一。为此，美军大西洋司令部受命改组，成立了联合实验部，负责实施联合作战实验。“联合行动 1999—1”，既是大西洋司令部改组后组织实施的第一个实验，也是美军开展的第一个联合实验。实验于 1998 年 11 月至 1999 年 10 月进行。

“联合行动 1999—1”的主要任务是对《联合构想 2010》中提出的未来联合作战概念进行评估，尤其是对“关键移动目标打击行动”概念进行检验和分析，发现美军在条令、组织、训练、物资、人员、领导等方面存在的问题，提出改进意见和建议，以提高应对 2015 年战区弹道导弹威胁的联合作战能力。此类实验，美军归纳为“发现型实验”。

作为第一次联合作战实验，美国防部寄予了很高的期望。实验

被赋予了双重任务：军事技术方面，对改进的武器系统、指挥控制、情报、侦察与监视能力形成的综合效能进行评估，探索和研究在技术、装备、组织、战术方面需要什么样的转变，才能大幅提高对关键移动目标的打击作战效果；实验技术方面，探索联合作战实验的组织和流程，尤其是探索使用建模与仿真方法检验概念的实用性和可行性。

（一）实验想定

实验探索的核心概念是“关键移动目标的打击行动”。实验概念构想，未来15~20年中发展的传感器及其管理和运用能力，将使对敌战区弹道导弹发射架等关键移动目标的定位、跟踪和打击更有效。第一次海湾战争期间，美军发现对这类目标的有效打击能够显著提高己方作战效果。在此次实验之前，美陆、海、空军及一些研究机构都已分别进行过相关的探索和实验。

实验想定时间定于2015年。实验基本上以第一次海湾战争为原型：两个对立国家“蓝地”、“红地”之间发生冲突，“蓝地”的盟友美国在中立国“绿地”部署了兵力。“红地”运用可移动战区弹道导弹对美兵力实施打击，而美则运用配备了专用传感器和打击装备的特别打击行动单元进行反击。

（二）实验流程

美军作战实验通常包括概念开发、讨论与推演、构造仿真、人在回路推演、实兵演练、实战检验6个环节，采用迭代过程展开（如图4-1所示）。由于时间、技术、资金等方面的限制，“联合行动1999—1”只进行了前4个环节。

概念开发阶段的主要任务，是确定评估的概念和仿真详细设计。在这一阶段，概念开发人员对拟评估的概念进行细化，包括确定实验中2015年的未来传感器、武器、自动目标识别、目标跟踪与融合等技术性能和参数，确定实验使用的软件系统，以及相应的开发。

讨论与推演阶段的主要任务，是对前期开发的概念进行快速评

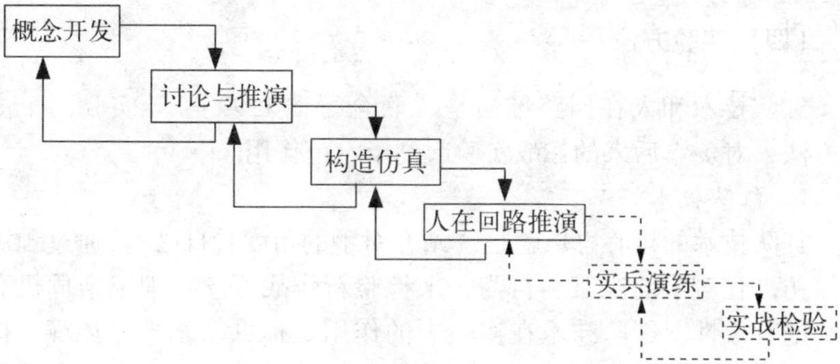

图 4-1　美军作战实验一般流程

估和修改完善。这一阶段还需要进行多次内部讨论和外部研讨，并制定详细的仿真实施方案。此外还需要进行“透明推演”，红蓝双方进行开放式研讨以熟悉彼此的作战概念，设计可能的推演方案。

构造仿真阶段的主要任务，是借助仿真手段进一步认识和深入了解评估的概念，并作进一步的细化，包括研究传感器的密度、能力等参数，为后续的人在回路仿真提供初始参数。

人在回路推演阶段的主要任务，是加入真人决策，目的是组织对抗双方动态交互。“联合行动 1999—1”实验的人在回路推演阶段，共进行了 2 次预演和 7 次正式推演。

（三）实验组织

“联合行动 1999—1”实验是由大西洋司令部的联合实验部和国防分析研究院共同组织实施的。其中，大西洋司令部负责实验的领导和技术保障，联合实验部主任担任实验总指挥；国防分析研究院则负责实验的具体实施，包括提供白方、蓝方和红方的所有人员。

实验人员由白方、蓝方和红方 3 个小组组成，其中白方是控制组，控制整个实验的实施，负责为仿真设置初始化条件和检查点，对仿真运行进行监督，提供附加信息（如情报）输入。

（四）实验方法

红队技术和人在回路推演是“联合行动 1999—1”实验两个主要方法，对美军后来的作战实验起到了示范作用。

1. 红队技术

红队技术的核心思想就是“站在对手的角度看自己”。通过预测和模仿潜在对手的决策和行为，来检验新作战概念处理未来危机和冲突的有效性。红队技术在实验中的作用是提供动态学习环境，提高美军作战部队的作战效能。红队技术的关键是扮演具有应变能力和创造性的对手，增加作战实验的真实性，提高蓝方方案的可信度。

在“联合行动 1999—1”中，红队由红方专家、作战规划组和作战任务组 3 类人员组成。红方专家包括军事、技术和情报人员，对弹道导弹、雷达等有丰富的经验，他们参与想定开发，定义红方未来的力量、技术、作战目标以及对抗蓝方传感器和武器系统的技术和战术。作战规划组由弹道导弹战术人员组成，开发导弹发射计划、后勤补给规划及技术、技能和流程。作战任务组执行作战规划，操作实验系统进行仿真。

在实验研讨与推演阶段，红队的主要作用是“扮演对手”。红队与蓝方通过两次“透明推演”，深入细致地了解双方的作战概念，为后续的人在回路仿真制定更好的对抗方案。“透明推演”是迭代过程，一方先阐述其构想的行动方案和对方可能的对抗方案，在这一过程中，另一方旁听（所以称之为“透明”）；接着双方各自分组进行“头脑风暴”，重新完善自己的作战构想；然后双方交换，重复上述过程。

例如在具体实验中，红方专家利用蜘蛛图开发了战区弹道导弹的多种可能运用的方式及其对美产生的威胁（如图 4－2 所示）。

在人在回路推演阶段，红队的主要作用是“陪练”。双方在实验之前获得对方能力、技术和资源的大致信息，但并不能得知具体数据。红队的作战规划组为其下辖的 4 个战术弹道导弹旅制定导弹发射方案和补给方案。实验中，随着蓝方跟踪和打击效能的改善，红队也适时调整战术，以降低蓝方传感器效能，包括采用欺骗手段、齐射、大量部署在城市环境等多种方法。蓝方也能够根据对手的反应，对传感器管理和目标打击概念不断进行完善。

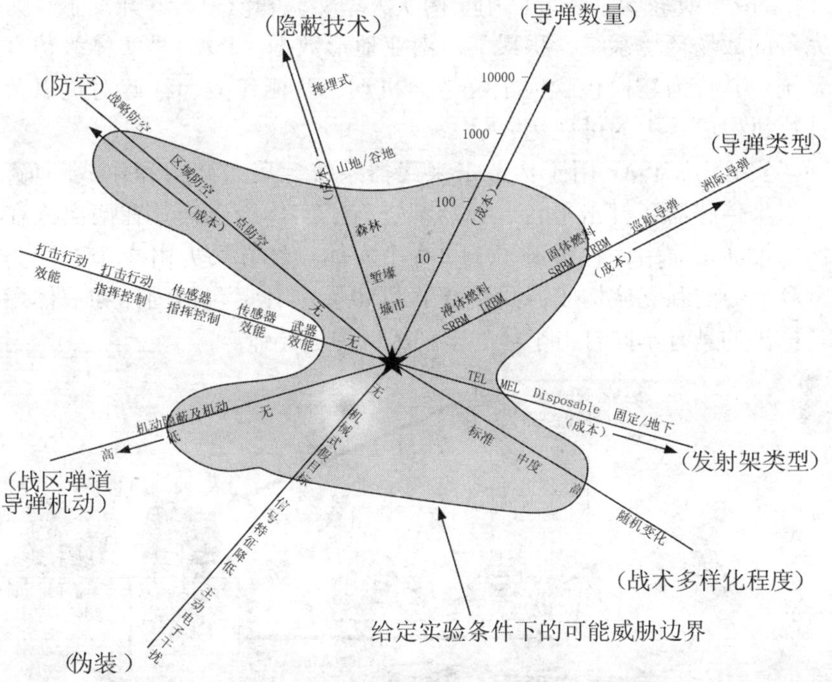

图 4－2　红队提出的战区弹道导弹运用方法蜘蛛图

2. 人在回路推演

“联合行动 1999—1”实验中使用了两个主要仿真系统：SLAMEM 和 JSAF。SLAMEM（移动导弹定位与攻击仿真）是基于事件的、超实时构造仿真系统，是美国国防先进研究计划局和空军共同出资、由 Toyon 研究公司开发完成的。SLAMEM 系统运行于 Windows NT 环境下，主要用于研究先进传感器的军事实用性，实验中用于模拟多种合成孔径雷达和移动目标指示雷达。在实验的构造仿真阶段，SLAMEM 系统独立运行，用于战法评估；在人在回路推演阶段，与 JSAF 系统共同模拟作战空间中的环境和行动。

JSAF 由国防先进研究计划局、国防建模与仿真办公室等多方联合开发的“综合战争演练场”系统发展而来。在此次实验之前，“综合战争演练场”系统已用于两次大型实验和演习，并开发了较为完备的战场环境系统，积累了西南亚地形数据。JSAF 是实体级仿真系统，其行为建模包含海上、地面机动、两栖作战、红蓝对抗以及计算机生成兵力的可视化表示。

实验中，JSAF 用于构造未来武器系统、兵力结构和作战环境，对未来传感器、打击平台、弹药都进行了实体级建模。在两次人在回路推演预演中，各构造了 11290 个实体。红方兵力由 4 个不同类型和能力的独立旅构成，共模拟了 1150 个实体，包括固体和液体燃料推进的具有不同打击半径的多种战区弹道导弹。

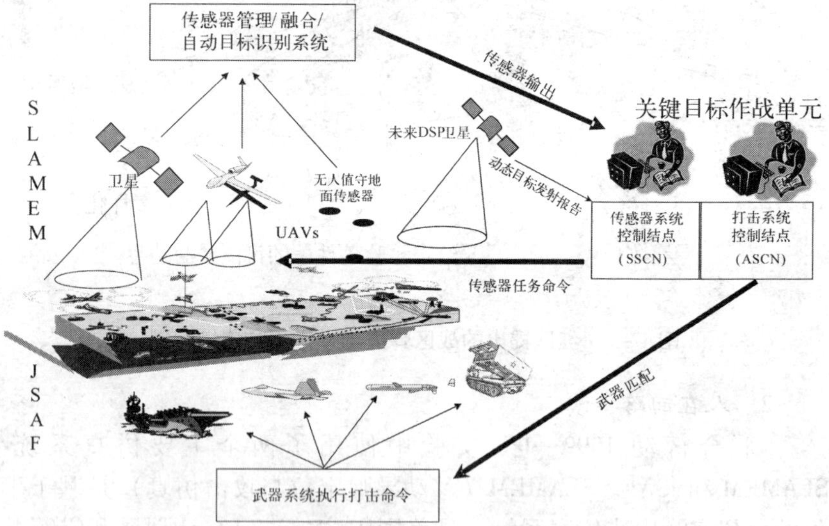

图 4-3 “联合作战 1999-1”作战概念与实现框架

蓝方兵力由打击系统和传感器系统两部分组成。打击系统包括 120 架战斗机和轰炸机、无人机、6 艘舰船（1 艘未来航母、2 艘未来巡洋舰和 3 艘未来驱逐舰）、36 个地基导弹发射架，以及其他飞机。传感器系统包括 24～48 颗未来卫星、24～48 个未来无人飞行器、未来国防支援项目卫星以及未来无人值守地面传感器。此外，作战环境中构造了近万个非军事车辆和人群，以增加蓝方搜索作战目标的难度。

实验的作战概念和执行架构如图 4－3 所示。蓝方由 12 人扮演未来作战司令部中的关键目标作战单元，其中 9 人组成传感器系统控制结点，负责发布传感器任务命令，并对传感器结果进行判断，将打击目标及其轨迹列表提交给打击系统控制结点；3 人组成打击系统控制结点，负责规划打击任务，进行目标—武器匹配。

3. 分布式仿真

"联合行动 1999—1" 中使用了 JSAF、SLAMEM、SOAR、MARCI、CLUTTER、AARS、SLOGGER 等仿真邦元，采用了基于 HLA RTI 的分布式仿真结构。选择这一结构，美军主要出于三方面的考虑：一是没有哪一个机构有足够大的场地容纳众多实验人员；二是在之前"综合战争演练场"系统的推广应用过程中，美军已有多个实验机构拥有系统保障能力，可以承担实验的仿真保障任务；三是为了验证和展示广域分布式仿真用于联合作战实验的可行性。实验站点分布如图 4－4 所示。

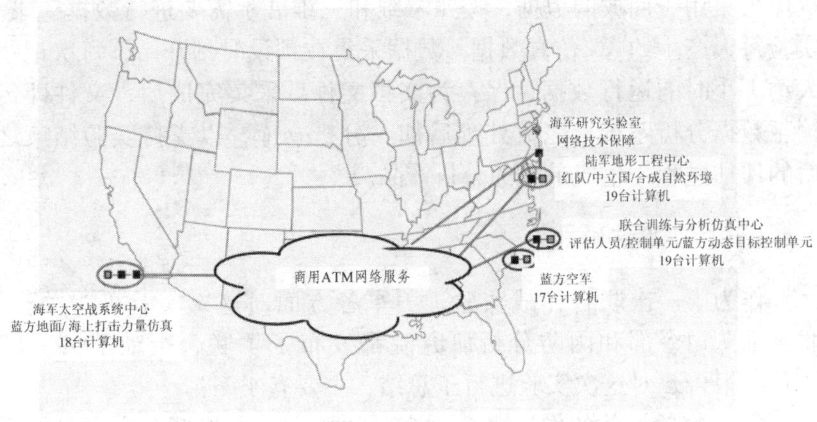

图 4－4　"联合行动 1999—1" 仿真站点分布图

蓝方地面和海上打击力量仿真在海军太空战系统中心（位于加利福尼亚州圣迭哥市）运行；蓝方空中作战力量仿真在大西洋司令部的联合训练与分析仿真中心运行（位于弗吉尼亚州萨福克市）；红队、中立国及合成自然环境则在陆军的地形工程中心运行（位于弗吉尼亚州贝弗堡）。网络保障由国防先进计划研究局和海军研究实验室负责。网络以商业 ATM 网络为基础，并以通用动力公司的 FASTLANE 加密设备对网络通信进行加密处理，以保障网络安全。

4. 实验管理与数据采集

“联合行动 1999—1” 主实验模拟了红蓝双方连续 24 小时的冲突。实验用了 4 天完成，每天运行 6 小时。每天运行结束时记录所有状态数据，以便第二天模拟继续运行。为便于管理，对所有的仿真采用集中式管理，管理功能由多主机自动远程控制与指令（MARCI）邦元实现，每台参加“联合行动 1999—1”实验的联邦计算机都运行 1 个 MARCI 守护进程，MARCI 邦元利用数据文件来指定各台机器运行的邦元和运行参数。

实验数据采集由两个记录程序完成：一个程序负责采集用于分析的数据，按照分析软件所需的数据格式和内容进行记录；另一个程序采集用于回放的数据，按照二维和三维展示需要进行数据记录。实验每天产生约 3G 仿真数据。数据采集在预设时刻开始，每次记录大约 1 小时的运行数据，保存为文档文件。采集完成后，文件即传输至数据分析系统，完成处理后加入分析仓库，以支持实验结束之后的评估过程，生成最终的分析产品。

（五）实验结论

作为第一次联合作战实验，美军各方面对这次实验极为关注。联合部队司令部和国防分析研究院都发布了“联合行动 1999—1”的总结报告，对这次实验进行了总结，主要有 4 条：

（1）实验评估的作战概念是实验的核心。作战概念应当足够详细，并从实验的早期开始推进其发展和成熟。但实际实验过程中，在模型、仿真、数据采集等其他实验活动过程，概念的核心地位很容易被忽视。

（2）实验必须特别关注人的因素，因为人是作战中最根本的要素。联合指挥控制方面的实验应当有人在回路仿真的技术支持。

（3）顶尖的仿真技术人员与仿真系统工具同样重要。

（4）高素质（反应快、勤于思考、创造性强）的红队至关重要，但实现这一点需要足够的时间和资源。

（六）实验影响

"联合行动 1999—1"是美军的第一个联合作战实验，它的成功实施对美军后续的实验产生了深远的影响：一是展示了广域分布式仿真支持联合作战实验的可行性，促进了后续分布式联合作战实验的建设和应用。二是确立了人在回路推演实验的基本架构，此后 10 年中，美军的联合实验如"城市决心"、"多国实验"都沿用了 JSAF + SLAMEM 基本架构。三是确立了"红队"技术的作用，国防部长办公室于 2001 年成立了"国防自适应红队"，为各作战司令部、先进概念与技术展示活动、联合参谋部及国防部长办公室提供"红队"支持，并在此后的多次作战实验中发挥了作用。此次作战实验中探索的关键概念，"关键移动目标打击行动"，后来发展为"时间敏感目标打击"概念，并在"城市决心"等实验中进一步进行了探索和研究。

二、"恐怖的海峡Ⅱ"：面向政策研究的分析实验

"恐怖的海峡Ⅱ"是兰德公司国际安全与政策中心 2009 年发布的，它与 1999 年兰德公司发布的《恐怖的海峡》研究报告一脉相承，是对同一问题不同时间框架下的研究。报告以分析实验及其结果分析为基础，研究了 2013 ~ 2015 年期间台湾海峡可能发生的军事冲突，提出了美国应采取的策略。

（一）实验想定

实验想定时间设置为2013～2015年，红方首先运用导弹和空中力量攻击蓝方军事基础设施，降低蓝方整体防御能力并夺取制空权，然后红方在岛屿北部实施登陆作战，经过一个短暂的巩固阶段后，快速出击，消灭岛内的防御力量进而占领全岛。

（二）实验流程

实验依次进行了背景与趋势分析、作战构想生成、计算与仿真、数据分析与形成结论4个阶段。

第一阶段，背景与趋势分析。这是整个实验的基础，通过对两岸政治现状与趋势的分析和对比，说明实验的必要性。

第二阶段，作战构想生成。根据前期分析结果和政策研究的整体目标，从多种作战样式中选取合乎红方作战思想的渡海登岛样式，并制定相应的作战构想，从而确定后续计算与仿真的结构。通过分析，实验制定了由红方夺取制空权和渡海登岛两步组成的作战方案，并确定了方案中蓝方兵力变量数据。

第三阶段，计算与仿真。实现作战构想中提出的红方夺取制空权和渡海登岛两方面的计算，分别采用简单模型计算和动态仿真，得到一系列数据以及相关结论。

第四阶段，数据分析与形成结论。对计算与仿真结果数据进行敏感性分析和探索性分析，并综合历史案例进行分析，得出一系列结论和建议。

（三）实验方法

"恐怖的海峡Ⅱ"采用了典型的定性分析与定量分析相结合的实验方法，综合运用了战区级作战模型分析和简单数学模型等定量方法，以及历史案例分析、专家访谈等定性方法。

1. *定性方法*

定性方法贯穿于实验的始终。在背景与趋势分析过程中，通过对官方文件和权威专家观点的汇集和分析，重点分析了红方对待两岸关系的态度、迅速发展的两岸经济关系、蓝方对国家身份的转变等影响双方关系未来走向的5个重点方面。

在登岛作战评估分析过程中，分析了8个登岛作战的历史案例（从公元前490年的马拉松之战到1982年的英阿马岛海战），并由此得出3点经验教训：一是两栖作战军事行动无密可保；二是反舰导弹是战舰的致命威胁；三是进攻方易被防守方攻击。从而把复杂的登岛作战问题简化为战舰规模及其生存能力两个指标加以描述。

2．定量分析

实验中使用蒙特卡洛方法来分析红方夺取制空权的能力和效果。蒙特卡洛法是1950年美国运筹学家约翰生提出的，用于描述和模拟带有随机性的作战过程，该方法广泛应用于运筹分析和作战模拟。运用此方法分析了红方导弹封锁蓝方跑道、打击蓝方机库及维护设施、攻击蓝方露天停放的飞机及空军基地的成功概率和效果。

3．分析与计算

实验中，分析计算按照5个步骤进行：

首先是数据准备。包括红方打击力量和打击目标两方面。根据对红方军事力量的了解，选择了红方两种主要短程弹道导弹作为红方导弹力量的代表，并综合两种导弹的性能参数，得到实验计算中的模型参数，包括导弹数量和发射架数据、导弹射程、弹头、圆概率偏差。打击目标选择了蓝方具有代表性的台南空军基地，该基地具有两条约3050m×46m的跑道。

其次计算红方对蓝方机场跑道封锁的效果。实验设定：封锁跑道成功的标准，就是跑道上不存在战机起飞所需的最小跑道。按照美军的经验，最小跑道为1525m×15m。为便于分析，实验中对模型进行了简化，一是跑道要么被封锁，要么没有，不存在小的毁伤；二是不考虑对滑行道的毁伤；三是不考虑未爆弹药；四是子母弹分发器的抛撒范围和形状模式随跑道情况、导弹攻击精度和最小起飞带匹配设定。

应用蒙特卡洛法，实验分析了一定数量的导弹，在不同精度的情况下对一条跑道的封锁效果，计算结果如图 4－5 所示。根据计算，如果使用圆概率偏差为 5m 的导弹，只需 2 枚就能获得 99% 的封锁概率，而如果使用圆概率偏差为 200～300m 的导弹，则需要 30～40 枚。对于蓝方所有的 11 个机场、12 条跑道进一步进行同样的计算，得出的结果是：只需要确定 19 个瞄准点，理论上如果 19 枚导弹直接命中，就可基本封锁蓝方所有跑道。

第三步和第四步分别计算红方对蓝方空军基地机库及维护设施、露天停放飞机的打击效果，计算和分析方法与第二步相同。

第五步是对前三步的综合评估，得出对作战构想中红方实施导弹打击，压制蓝方空军基地出动能力的一般结论。

4. 仿真计算

仿真计算用于评估作战构想中红蓝双方空中战役的可能结果，使用的仿真工具是“联合集成应急模型”（JICM）。JICM 是战区级双边战役分析系统，对联合行动的地面部队、空军作战、海军与两栖作战、机动和后勤等都有丰富的模型。作战环境模型则包括陆地和海洋两大类，对全球的地形、海洋及海、陆交通网络进行了建模。作为战区层次的分析模型，JICM 的实体粒度较粗，地面基本单位为加强旅和师，空中基本单位为组合架次，不对单架次建模。分析的时间框架为日、周、月，时间步长为 4 小时。系统时间步长较大，因而运行速度快。

实验中使用 JICM 系统进行空战分析，分 4 个步骤完成：

第一步是数据准备，即确定想定变量及其取值。实验认为，9 个变量对空—空交战结果影响重大，必须分别加以分析：

（1）红方用于进攻的空军力量，分别取基本、先进两种水平值。

（2）蓝方空军的力量，分别按基本、先进两种水平赋值。

（3）红方空军飞行员的相对素质，以美军飞行员素质为基准，分别取 40%、60% 和 80%。

（4）红方空军日出动能力，分别按低、高两种水平赋值。

（5）蓝方及其盟友（美军）空军基地防御红方精确制导弹药的能力，分别按有、无两种水平赋值。

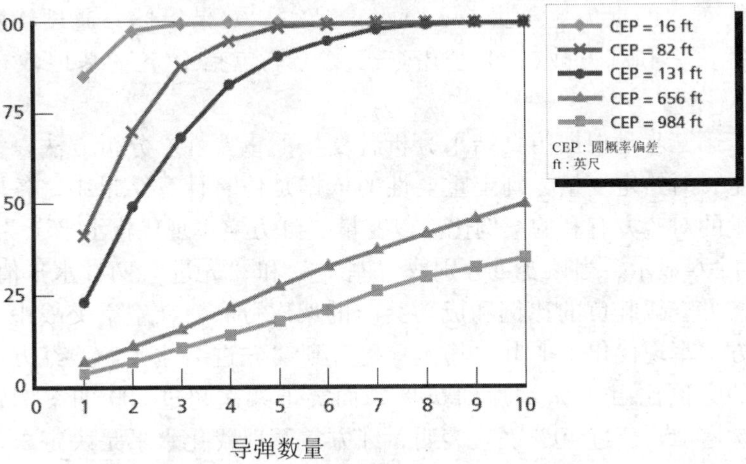

图4-5 给定导弹数量和精度条件下封锁一条跑道的概率

（6）蓝方地空导弹的生存能力，分别取10%、25%和50%。

（7）蓝方及其盟友遭受打击下的战机出击能力，设定每个基地每天能够出击20、40和60架次，分别表示基地全部出动能力的1/6、1/3和1/2。

（8）蓝方及其盟友飞机掩体数量，分别按低、高、超级3种水平赋值。

（9）蓝方盟友（美军）介入程度，考虑了两方面的因素：一是以美军航母战斗群数量计，分别取值为0、1、2；二是考虑了从嘉手纳美军基地起飞的飞机，分别取无、F-15、F-22和从关岛起飞的F-22四种情况。

以上9个变量共10种情况（因第9个变量有2种情况），每个变量各有2~4种不同取值，依次组合产生了超过3万个模拟案例，分别进行JICM仿真计算。

第二步是模拟评估指标确定。评估指标是分析的依据和核心，根据美军作战条令以及经验数据，对空空交战胜负判定设定了2个标准：一是蓝方获胜的标准，红对蓝空战的损失比是初始力量比的1.5倍以上，如果红蓝双方的力量比是2∶1，蓝方获胜的红对蓝的损失比至少是3:1；二是空战效果指标，通过红蓝双方胜负率和红方战机对地出动架次（不包括对空军基地攻击架次）评判。

第三步是根据仿真结果分析各变量的重要性。分析方法以统计为主，对给定变量，判定重要性的依据是仿真计算结果中，各取值产生的对蓝方有利的案例比。以变量“红方空军现代化水平”为例，图4-6显示，当该变量分别取“基本”和“先进”两种水平值时，红蓝方空战胜负的比例和成功突防的架次分布。在空空交战中，当红方空军现代化水平由“基本”提升到“先进”水平时，红方占优势的案例比由30%增加到50%，而突击架次超过600的案例则由25%增加到超过40%。这表明，红方空军现代化水平是决定未来空战结果的一个重要因素。

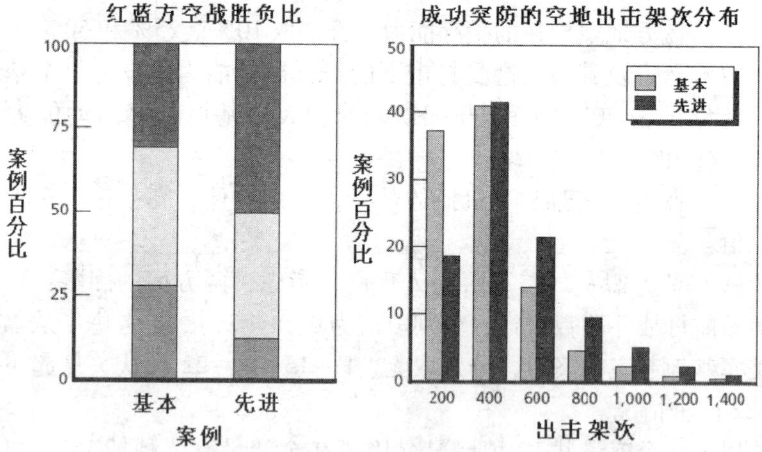

图4-6　红方空军现代化水平的影响

第四步是形成结论。通过对全部9个想定变量的综合分析，得到空空交战的分析结果。图4-7显示了用前述两个指标说明的总体结果，两个指标分别为红方空地出击数量和空战胜负比。

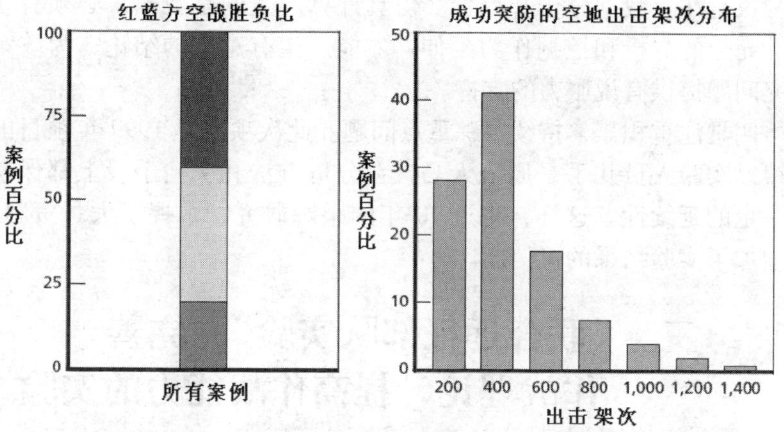

图 4-7 空空交战的总体分析结果

（四）实验特点

2009 年 8 月，实验报告《恐怖的海峡 II》一推出，立即引起了广泛关注，美、台官方及世界各大媒体均作了专题报道。报告的权威性和影响力，一方面来自兰德公司的声望，另一方面也来自于实验分析的严谨。综合分析，该实验在方法上有以下特点：

一是针对研究目标，合理确定作战分析问题。实验中没有过多地纠缠于具体作战过程和细节，而是围绕政策研究的主要目标（军事力量平衡），重点关注导弹突击、空—空交战、登岛作战等几个重要问题。

二是化繁为简，合理使用量化分析。研究解决复杂作战问题，不能片面追求量化的精确性，而要追求作战问题解决。作战问题涉及多种影响因素，但实验分析并非考虑的因素和变量越多越好、越多越精确，而是要合理、充分选取关键的影响因素。实验中，对于复杂的作战问题，只选取了 9 个重要想定变量，对每个变量又只赋予了 2 ~4 个离散值。仿真计算也没有采用细粒度的实时工具，而采用 JICM 进行战役水平的分析。

三是注重数据分析和挖掘。仿真计算产生的是数据，必须有合理、充分的分析和挖掘作为延伸，才能产生有意义的结论，为政策研究问题提供有说服力的支持。

四是注重积累，持续跟踪重点问题。此次项目是1999年项目的延续，实验人员几乎是原班人马，在分析方法和实验手段上都保持了一定的延续性。这样，将近10年的跟踪研究，掌握了大量资料，也增加了实验结果的可信度。

三、“联合远征部队实验”：完善作战理论，提高作战能力的实验

“联合远征部队实验”是美空军主办的大型联合作战实验系列。根据参联会发布的《联合构想2010》和空军的“全球交战”构想，美空军于1998年启动了“远征部队实验”系列。从2000年开始，实验名称中增加了“联合”二字，以强调实验的联合性，并规定两年为一实验周期。2009年，实验又改为每年一次。联合远征部队实验系列的目标，是对未来指挥控制系统能力进行预研和开发，应对21世纪远征空天作战的挑战。

实验系列的“联合”体现在两个方面：一是实验虽然由空军发起和组织，参与者却并不仅限于空军，而是面向整个国防部的所有军种和机构，凡是能够提出空军作战能力问题解决方案、并通过空军的审核，都可参加实验；二是实验虽然由空军领导，过程管理却由来自各大司令部、国家机构、工业界和学术界的技术和军事专家共同进行。作为面向能力开发的大型实验活动，联合远征部队实验在组织、实施、成果推广等方面都有鲜明的工程化特点。

（一）实验机构组织

“联合远征部队实验”采用自顶向下的管理和组织结构。

实验活动在空军参谋长的统一领导下，由多个部门各司其职，协作完成实验任务。

美空军没有设置专职的实验机构或部门，而是对已有部门增加实验职能来组织高效、灵活的实验机构。被赋予实验职能的机构包括：空军指挥控制集成中心、电子系统司令部、第 8 航空队和第 505 指挥控制大队。

空军赛博空间集成中心（2007 年以前称为“空军指挥与情报侦察监视中心”）隶属于兰利空军基地，是实验活动的实际组织和领导机构。中心负责实现空军参谋长的实验构想，它下属的空军实验办公室负责实验规划和设计、参与实验各单元间的组织协调以及关键能力评估和最后实验报告的撰写。

电子系统司令部隶属于汉高空军基地，负责实验的系统工程，主要职责包括实验的整体结构设计与实施、系统开发与集成问题的协调和管理等。

第 8 航空队负责完成实验中实兵飞行任务以及提供综合空天作战中心的实验人员。

第 505 指挥控制大队负责实验流程的管理和执行。主要职责包括实兵飞行规划制定，实验的建模与仿真架构设计与开发，实验想定、主想定事件列表编制，在实验过程中控制想定的推进，对实验人员进行系统和工具培训。

空军战斗司令部负责实验通信管理及实验中的网络管理与保障支持。主要任务包括联军使用的广域网架构设计与实现、系统安全与网络控制。

（二）实验流程

作为复杂的、以能力开发为目标的联合作战实验活动，“联合远征部队实验”组织实施的工程化特点非常鲜明，整个实验过程包括设计、规划、执行、评估四个阶段。

设计是实验的基础，这一阶段的主要任务是明确实验的主题和目标。联合远征部队实验在空军参谋长的宏观指导下，以国家军事政策和空军相应政策文档为依据，确定实验关注的能力差（比如：“联合作战中陆军与空军在蓝军部队跟踪、近距离空中支援及侦察方面的差距”），并成立相应的概念开发组，开发能力度量指标及实验结构框架，随后面向整个国防部公布这些内容，广泛征集解决方案，最后组织遴选并确定实验考察的方案，制定详细的实验流程设计，包括实验想定开发和实验主事件列表、模型和仿真工具开发、流程安排等等。

规划是对实验设计的具体化，即根据实验设计要求部署实验控制，主要任务是明确实验过程中的人员、岗位、系统、设备及培训等具体事物。执行过程按照实验设计和规划，开展实验的具体活动，包括在仿真和真实环境中完成想定事件，以检验和展示其能力评估人员在实验执行过程中采集数据，并进行分析、处理和可视化，对实验过程和结果进行评价，并生成正式评估报告。

（三）实验方法

1. 结构化实验设计方法：作业线

“联合远征部队实验”以提高作战能力为目标，因而实验过程的重要问题就是对创新概念或流程的评判。但“能力”既无法直接观察，也难以量化描述，因此从 2004 年开始，实验引入了“作业线”概念，并开发了相应工具。这一概念经过历次实验过程中不断成熟和完善，已发展成为一整套规范的流程和工具，并延伸到从设计到评估的全实验过程。

本质上，“作业线”是一种结构化方法，是实验设计阶段中的重要内容。通过把能力需求转为一系列效果需求来描述，并进而细化为可度量的性能指标和效能指标，实验设计者更有效地设计实验活动。一个作业线由一系列相关的作业任务组成，它围绕特定技术方案设计，目的是突出某项技术方案或系统的作战能力。根据空军实验办公室的建议，作业线开发分为 5 个阶段完成（如图 4 – 8 所示）。

能力差距确认阶段的任务是把空军实验办公室提出的能力开发目标细化为实验着力弥补的能力差距。例如，2006 年的联合远征部队实验确定了 4 个大的能力目标：战区空中规划与动态执行连续化、空天作战中心情报融合、星座网、本土安全与本土防御。能力差距确认阶段对 4 个目标分别加以细化，提出了 13 项具体能力差距。例如，由能力需求“空天作战中心情报融合”细化出 3 项能力差距：支持杀伤链的多情报源融合能力不足；综合空天作战中心与分布式通用地面系统集成能力不足；支持预测性分析的多情报源融合能力不足。

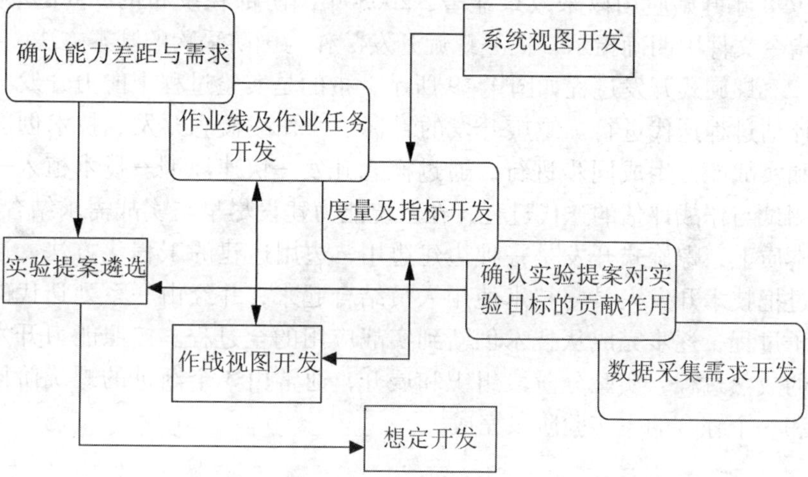

图 4－8　作业线开发的阶段过程

作业线及作业任务开发阶段的目标是确认一系列具体作业，并进一步细致分析每一能力差距。如，上述 13 项能力差衍生出 22 个作业线，并根据联合条令选择了分析框架，使每个作业线具体化为可独立测量的若干作业。

度量及指标开发阶段的任务是确定每个作业任务和每个作业线的评估指标，作业任务按性能指标（如时间延迟、情报类型/类别等）度量，作业线则按效能指标度量。度量及指标的确认是实验数据采集需求的基础。

第 4 个阶段是“确认实验提案对作业任务的贡献作用”，建立各实验技术提案对作业任务的关联关系，有些提案可能与多个作业线及作业任务相关。

数据采集需求开发阶段的任务是开发完整的数据采集需求列表，制订实验分析所需的数据采集计划。

2. 工程化实施方法：螺旋式开发

联合远征部队实验采用螺旋式的实验开发流程，以满足其推动先进概念和能力快速转变为实战能力的目标。由于螺旋开发方法自1998年开始应用以来效果显著，2003年国防部在发布的5000.2号指令文件中明确指示，把“螺旋开发”作为国防采购的基本方法。

螺旋式开发过程如图4－9所示，指的是实验过程中能力开发与评估过程迭代进行。螺旋开发的目标是使作战概念开发、技术创新和实战能力生成同步进行，通过概念开发—快速原型—技术植入—测试与作战评估的迭代过程，在系统能力建设尽早与实战需求结合。本质上，螺旋式开发是一种边建边用、边用边建的工程化方法，通过把技术开发人员与技术使用人员结合起来，并经由一系列迭代的子过程，逐步完成从技术创新到实战应用的全过程。按照能力开发的成熟过程，实验分阶段组织和展开，通常由3个渐进的螺旋阶段和一个综合的主实验阶段完成。

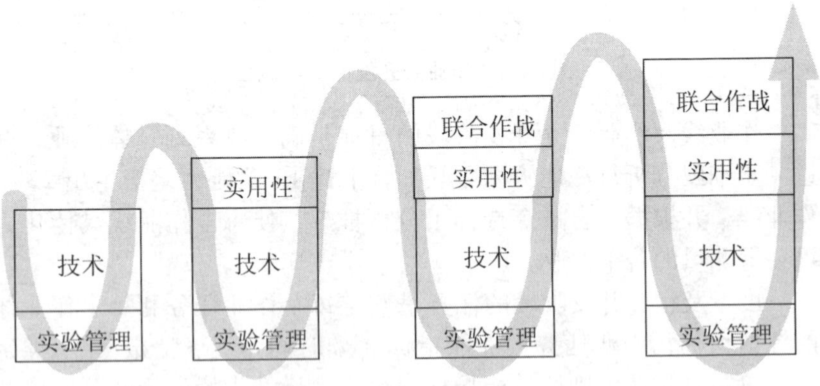

图4－9　联合远征部队实验的螺旋式开发过程

第一个螺旋阶段以技术展示为重点，由技术人员向作战人员、技术的未来使用者展示新技术及其用途，作战人员根据自己的经验对技术提出意见和建议，开发人员据此开发进行修改。

第二个螺旋阶段以评估新概念、新技术的作战实用性为重点。通过在航空航天作战中心对新工具和系统进行实际操作，发现需要改进的问题。开发人员再次进行修改或完善。

第三个螺旋阶段的任务是为主实验做准备。主要内容包括：对实验人员、操作人员进行培训，使他们熟悉新的设备或系统；对航空航天作战中心、空军联队、战略基地和及其服务基地的通信设施和建模仿真基础设施进行联调；将所有航空航天作战中心系统集成起来，构建统一的体系结构等等。

3 个螺旋都是在真实作战环境和想定中进行的迭代开发、风险控制和能力评估过程。最后在主实验中，通过完整的作战想定实验，对各项创新方案进行实验和评估。

实验过程中，各阶段之间的间隔通常不少于 6 周。实验结束之后，由空军实验办公室提交最终报告和最终简报，总结得失。在联合远征部队实验中证明有效的创新方案在 6 ~ 12 个月中集成到空军/联军/盟军指挥控制流程中，转化为集成的、可互操作的实际作战能力。这一转化过程按严格的流程进行，由电子系统中心负责。

前两个螺旋阶段的主要作用是测试与评估，主要通过模型和仿真工具进行，而第三个螺旋阶段和主实验的主要目的是实用性检验，因此需要大量使用实兵，通过真实作战流程和真实飞行，对前期检验认为有效的结果进行作战实用性检验或能力展示。从 2006 年开始，真实飞行从以往的 5 天增加到 9 天，以排除实验中的偶然因素，使实验数据和结果更可靠、更有说服力。

（四）实验结果实例："舒特系统"

"舒特系统"概念于 2000 年 1 月提出，目标是建立一套将情报、监视和侦察、进攻性反信息作战、进攻性防空作战横向一体化集成的系统，以弥补对敌防空压制能力的不足。该系统的特点是与联合防空系统相关的系统，实现情报、监视、侦察与进攻性电子压制和进攻性防空作战横向一体化集成。

从2000年到2008年，美空军通过JEFX实验对舒特系统进行了一系列试验，逐步形成完善的电子作战能力，并在2006年应用于伊拉克和阿富汗战争。

JEFX 2000中检验了“舒特I”，实现了“见敌所见”，即战场情报的单向透明。JEFX 2002中检验了“舒特II”，实现了“做敌所做”，美军攻击者作为管理员接管对方网络，并控制网络节点上的雷达，使敌方雷达探测不到己方飞机。JEFX 2004检验了“舒特III”系统，进一步提高反信息战能力，实现了对敌方时间敏感目标链路的侵入，能够对敌方的时间敏感目标进行非协作监控。2006年的“舒特IV”系统极大地提高了作战的情报支持，能够对敌指挥控制系统的信号特征进行识别，并将目标信息快速传输给己方指挥人员和战斗机组。JEFX 2008中检验了“舒特V”，实现了多个情报源通用作战视图整合，增加了更多信息战单元，综合了电子攻击和网络对抗手段，能够对敌方移动和组网的系统同时进行动能、非动能和ISR作战。

“舒特计划”实现了美军空军对网络中心战的构想“从传感器到发射器”，它是集战场侦察、电子干扰、网络攻击、精确打击于一体的综合性进攻技术。美军通过在逼真的虚拟环境和实兵环境中的反复试验，逐步完善，使这一能力从概念提出到形成实战能力，仅用了6年时间。

四、“多国实验3”：多个组织和机构参与的实验

“多国实验”是由美国出资和领导的系列实验，主要目的是改善联军作战能力，建立和保持与盟国及潜在伙伴的信任，向盟国及伙伴推广美军的作战概念（基于效果作战）和作战方式。此外，研究和认识现实作战（如阿富汗战争、伊拉克战争）中的联军作战问题也是实验的附带目的之一。

“多国实验3”是该系列的第三次实验活动，于2003年5月至2004年2月进行，参加人员来自澳大利亚、加拿大、法国、德国、

英国、美国和北约其他成员国。

“多国实验3”的功能定位是过程完善，即以此前进行的“多国有限目标实验I”（2001年）和“多国有限目标实验II”（2003年）为基础，对战役级的基于效果规划概念加以深化，并开发相关支持工具。实验结果用于开发未来战役和联合特遣部队级指挥的过程、组织和技术。另外，参与诸国还利用实验机会研究了其他一些相关问题，如：净评估，联军跨部门协调组，联军情报、监视与侦察，多国信息共享，后勤，基于联军的医疗服务支持，信息作战以及知识管理等等。北大西洋公约组织也借此实验研究了与其快速响应部队相关的概念。

（一）实验概念与想定

“多国实验3”的核心概念是“基于效果规划”。这一概念与美军倡导和提出的“基于效果作战”作战概念一脉相承，是对后者的具体化。

“基于效果作战”的主要思想是从系统框架角度来构想和规划作战，从而使作战目标更为明确，作战效果更突出。这一概念要求对传统的决策思维做出相应的转变，采取更宏观、更系统的思维方式来分析作战要达成的目标及手段，具体地说，就是实现“基于效果规划”。

“基于效果规划”的基本假设是：如果能够有效地找到达成战略目标所需的作战效果以及所需的作战行动及资源，那么就能够采取成功的基于效果的行动。实现“基于效果规划”的困难之处在于，怎样准确地评估各种效果及其次级、三级效果。

完整的规划过程由两部分组成：一是战略级应急规划，是针对特定目标或地区利益的长期应急规划。它以净评估过程为基础，由于时间限制，“多国实验3”中没有进行这一部分。二是战役级规划，目标是生成一个“效果任务表”。

“多国实验3”的实验目标是探索分析如何实现基于效果的规划过程，以把战略目标转换为战役层次的效果，进而开发有效的作战方案。在具体实现方面，包括两个支撑概念，一是常设联合部队司令部，二是协作信息环境，目标是在于实现跨部门的信息支持和决策过程。

图 4－10 描述了实验对“基于效果规划”的概念以及对功能和时序目标的要求。

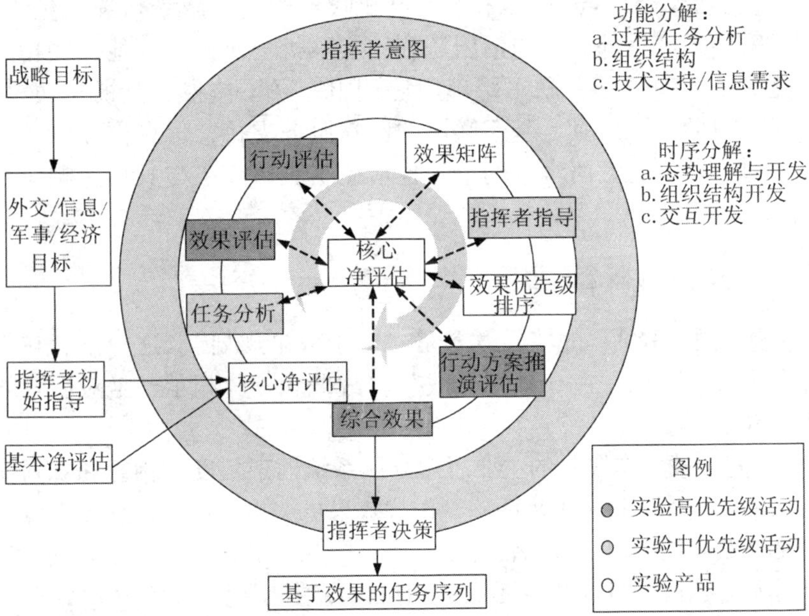

图 4－10　“多国实验 3”基于效果规划的概念与任务分解

“多国实验 3”的想定按照 2004 年的阿富汗局势设置。实验初始背景数据来自于截至 2004 年 2 月 2 日的真实数据，而想定发展和事件则是根据对联军未来作战环境和任务的判研构想的。

想定的基本内容是：已被驱逐的塔利班政权仍在阿富汗境内进行小规模的军事活动，主要集中在南部及边界地区。阿富汗国民军仍在训练中，还不能独立运作，因此美军领导的联军联合特遣部队基本上在阿东北部及沿巴基斯坦边界一带行动，主要任务是打击基地组织和塔利班部队。2004 年 1 月 15 日，一架联合国飞机在飞往坎大哈机场的途中被导弹击落。北约应联合国安理会的要求，授权北约快速响应部队组织了联军特遣部队，保护坎大哈存放的武器和弹药。此次实验即由此展开，美、英、法、德、澳、加 6 国采用基于效果的规划，为北约联军特遣部队制定效果任务。

（二）实验组织

实验由美军联合部队司令部出资和领导。实验中设置两个特遣司令部：一个是美军的常设联合部队司令部，共 64 名实验人员担任各参谋职位；另一个是北约联军特遣部队司令部，参谋职位由各国实验人员分别担任，共 48 人。

实验中的北约快速反应部队“联军特遣部队司令部”参照美军常设联合部队司令部的结构设置（如图 4－11 所示）。为了探索司令部的有效运作方式，实验中构想了新的组织结构，采用了基于跨职能团队的设计，“联军机构间协调组”和“体系分析组”是实验中新增的，目的在于增强司令部中的知识管理，实现“知识中心”的作战规划。

指挥组和各组领导集中于联合部队司令部的分布式连续实验中心，而其他人员则在各自国家的实验机构参与。

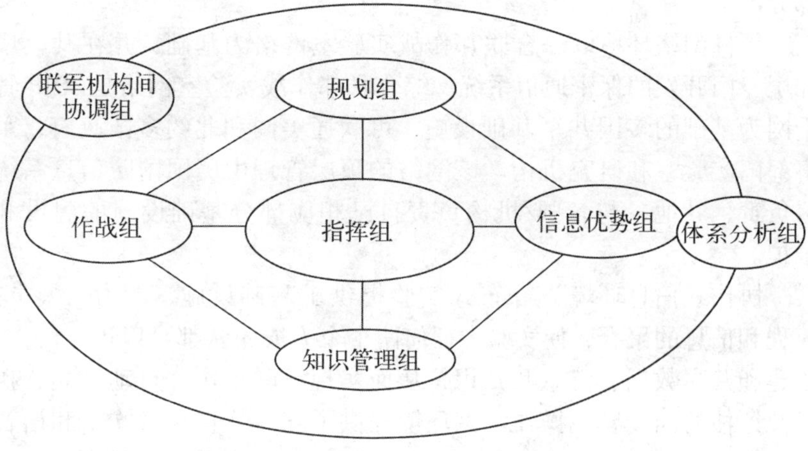

图 4－11 “多国实验 3”中的联军司令部结构

（三）实验流程

实验从2003年2月开始，前期进行了概念开发与完善，系统开发，以及通过现场训练、协作训练和专题讨论会等方式对各国实验人员进行了概念和系统的培训。

实验主活动从2月2日开始，持续了3周。第一周是调试活动，对实验方案进行预演。随后的两周分别进行了为期5天，每天8小时的实验活动。

实验结束之后召开了一个实验分析专题研讨会，分析人员对最终报告提出自己的意见。参与者讨论他们对各自负责部分目标和概念的见解，提出实验结果的判断。

（四）实验方法与工具

1. 分布式实验环境

“多国实验3”是世界级的分布式实验，实验设施分布在6个国家12个站点。为使跨多国、多时区的实验人员实现异地协同工作，构建了分布式实验环境，包括硬件网络环境和协作式信息环境两部分。

硬件网络环境以综合联邦作战实验室网络为基础，并在其上增加了专门开发的保密通信系统。综合联邦作战实验室网络是以IP骨干网为基础的多国共享基础设施，可联通美国和北约多国政府、军事部门实验室和研究机构。该网络的顶层管理由美国国防信息系统署负责，其他参与各国/机构负责自己相应部分基础设施的建设和维护。

协作式信息环境为分布式实验提供了基础设施、能力、人员、流程和信息的聚合，使实验中任何两个个人或团队都可以进行协作，创建和共享数据、信息和知识，从而实现了联军作战行动计划、执行及评估的同步异地操作。该环境提供了同步（白板、文本和语音对话系统）和异步（电子邮件、门户网站、文本共享与管理、文本搜索与订购）协作和规划工具，为所有人员提供通用作战图像，在联合全球指挥控制系统的数字地图上近实时地显示敌、我、中立三方的陆、海、空兵力部署及动态信息。

2. 建模与仿真工具

"多国实验3"中，建模与仿真工具的应用包括两个方面。一是使用了过程建模，以协调基于效果规划中的各过程，辅助基于效果的指挥控制决策；二是构造了人在回路仿真环境，以实现基于效果规划过程开发的作战方案并检验其效果。

过程建模使用了G2和C^3TRACE系统，对基于效果规划的功能和时序进行了描述，并为其开发了支持过程、组织和技术，以描述实验中的内部和外部任务、流程、组织和通信。

C^3TRACE全称为"指挥、控制与通信的概念执行可靠性评估"，是由美军陆军研究实验室出资开发的离散事件建模工具，可以对指挥控制系统进行基于任务的过程建模，从而对决策过程的逻辑和时序关系加以描述。图4－12为C^3TRACE的编程界面。G2是GENSYM公司开发的业务过程工程管理工具，可以构造基于规则、流程、目标建模与仿真的实时推理系统。

3. 问卷调查与统计分析方法

"多国实验3"的研究对象是基于效果的规划过程，由于它更多涉及认知和行为等方面的问题，因而不像作战方案那样有比较清晰、普遍接受的评价和衡量标准。为此，实验人员采用了调查问卷加统计分析方法，对流程、工具和实验组织进行了数据采集和分析。例如，为了评估实验中使用的技术手段和工具对规划过程的作用，针对实验中协作信息环境提供的6种工具设计了问卷调查表，问题包括：

"你在实验中是否使用了该工具?"答案为是/否。如果调查对象选择了"是"，则进一步对下面3个问题给以0～6的评分，0为最差，6为最佳。

"工具是否对你有用?"

"工具是否易于使用?"

"工具使用感受如何?"

对调查结果，借助向量分析方法，得到各工具的整体评价。“多国实验3”中，700人次返回了对协作信息环境工具的问卷。向量分析结果显示，“信息工作空间”工具得到了最高的综合评价，而“基于效果规划工具集”的综合评价最低，主要原因是不易使用。由此，实验总结提出了该工具需要进行大幅改进的结论。

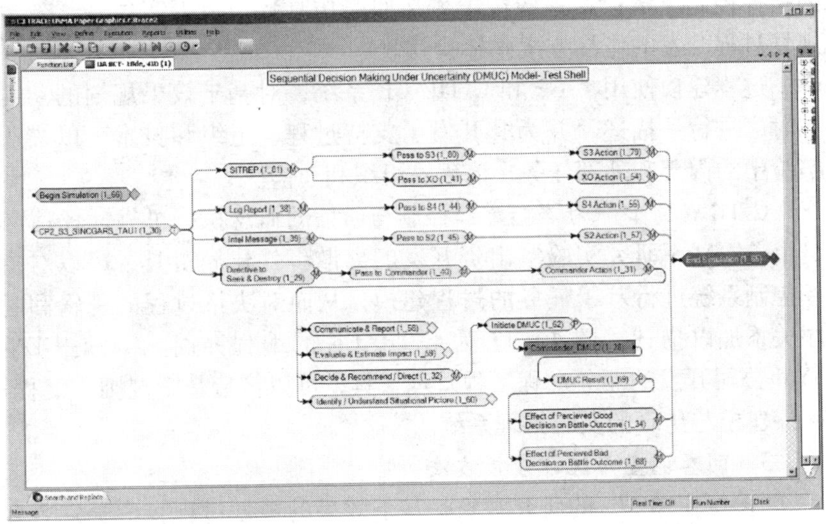

图4－12　C³TRACE 运行界面

（五）实验结果

“多国实验3”的结果包括两个方面。一是验证了基于效果的规划的效果；二是检验了基于效果规划在技术、流程、人员等方面所需的改进，提出了对决策辅助工具和信息协作环境、实施流程、组织机构等方面的改进需求。通过这些改进，为后续的“多国实验4”和“多国实验5”奠定了良好的软硬件环境和研究基础。在由美国国防部牵头，英国、加拿大、澳大利亚等国国防部门共同参与编写的《作战实验实施指南》一书中，“多国实验3”被认为是整体实验过程合理而完整的一个典型。

五、“寂静铁锤”：面向装备论证的实验

“寂静铁锤”是美军海军“海上试验”计划的一部分，于2004年10月4~13日进行。实验的重点目标是检验是否能将“俄亥俄”级战略导弹核潜艇改装为战术巡航导弹核潜艇，并作为“巡航导弹核潜艇—特种作战部队打击群”应用。

这一技术改造的背景是国际战略环境的变化。20世纪80年代，美军海军部署了18艘“俄亥俄”级弹道导弹核潜艇，作为其战略威慑武器库的一部分。苏联解体、冷战结束之后，美国的战略重点转向全球反恐，为此美国国防部在2002年提出将早期的4艘“俄亥俄”级弹道导弹核潜艇改装为战术巡航导弹核潜艇，作为反恐作战的战术平台。

改装的主要内容是对原来的24单元“三叉戟”II潜射弹道导弹的发射装置进行替换。其中22个发射装置单元替换为7单元的“战斧”导弹发射装置，总计携带154枚“战斧”导弹，剩余2个单元用于投放特种部队。实验的重要目的就是测试改装效果。

“寂静铁锤”的主要任务是在实际作战想定中，评估运用先进的无人系统，为巡航导弹核潜艇构造舰上网络，是否能够更好地解决情报、侦察和监视问题，提高时间敏感的反恐行动的效果。旨在为新型巡航导弹核潜艇潜艇拓展军事效能任务领域，探索巡航导弹核潜艇作为时间敏感目标打击平台的可行性。

实验的基本假设是：如果巡航导弹核潜艇装备多种探测和决策支持功能，那么其战术优势将大大增强。

（一）实验组织

实验由海军海上系统司令部水下技术部领导，共有来自62个机构的1135名人员参加，包括海军作战开发司令部、海军网络战司令部、海军潜艇部队、第9潜艇大队、第2舰队以及工业和学术机构。参与的装备包括：待改装的“佐治亚”号、“拉约拉”号和“匹茨

堡”号快速攻击潜艇、“塔拉瓦”号两栖突击舰、若干 EA－6B 和一架 EP－3 飞机等。

在“寂静铁锤”实验之前，美军海军已经于 2003 年进行过一次检验巡航导弹潜艇—特种作战部队打击群作战能力的实验，名为“巨影”，其分析结果表明，传统上使用的“基于信息推送”结构的信息分发架构，加上数据供—需双方的协调不好，使信息不能有效地支持决策。“寂静铁锤”中的一项重要任务，就是考察“元数据架构”是否能够有效降低无用数据的发送。

为了保证实验的科学性，美军海军邀请麻省理工学院林肯实验室为实验进行独立分析，对海军关注的 7 个不同方面进行了数据采集和分析。其中 3 个与集成探测与决策支持相关：

（1）巡航导弹核潜艇是否可以作为有效的海上基地，进行任务规划？

（2）巡航导弹核潜艇指挥中心的能力能否支持上岸的指挥员？

（3）元数据架构是否是有效的信息分发管理和/或信息管理工具？

（二）实验想定

想定设置在 2012 年，美国总统指派“佐治亚”号巡航导弹核潜艇快速部署到某潜在敌国海岸，艇上带有 1 名联合指挥官、1 支特种作战部队、若干先进无人飞行器和无人水下运载工具、以及“战斧”战术巡航导弹。“佐治亚”号等待合适的时机，执行其任务。根据艇上指挥官的命令，“佐治亚”号发射了无人飞行器和水下运载工具以收集情报，特种作战人员准备上岸，“战斧”战术巡航导弹也随时准备发射。

想定任务包括监视和侦察，陆上和海上行动规划和执行以及仿真战术“战斧”巡航导弹打击任务。

“红队”由海军现役和预备役人员组成，扮演叛乱和恐怖分子。红队的行动由实验控制组预先设计，但并未向蓝方人员透露。实验控制组监视红、蓝双方的活动，利用高层指挥和情报信息来管理和引导实验进行。

“佐治亚”号及实验人员（联合特遣部队前沿指挥单元和特种作战部队单元）于 2004 年 10 月 4 日到达实验地点，并随即进入想定状态，开始搜集态势感知所需的 ISR 信息，包括送特种作战单元上岸进行监视和侦察，所有信息发送回“佐治亚”号，由联合特遣部队前沿指挥单元判定威胁地点，并实施（仿真）巡航导弹打击清除威胁。

（三）实验设计及架构

实验架构如图 4－13 所示。

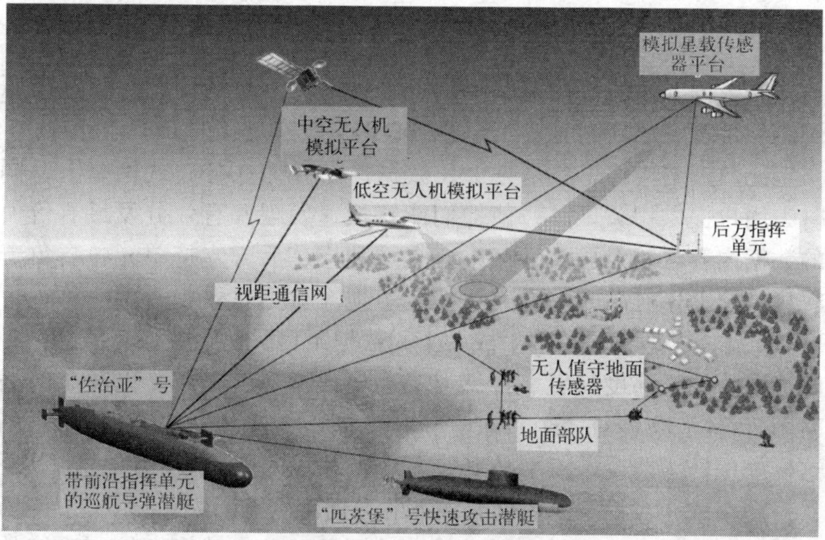

图 4－13　“寂静铁锤”实验架构

实验核心是“佐治亚”号潜艇（此时它并未改装），艇上装有一个先进指挥中心原型系统，称为战斗管理中心。平叛行动由艇上的联合特遣部队前沿指挥单元负责。支持结构是分布式 ISR 资源网络。两架有人飞机分别模拟中空和低空无人机，提供光—电传感器功能；一架波音 707 飞机搭载林肯实验室的多任务 ISR 测试床系统，模拟星载传感器功能，提供合成孔径雷达和地面移动目标指示；无人值守地面传感器提供地面态势感知；另一艘潜艇提供其潜望镜拍摄的水上船只的光—电图像。前沿指挥单元、战斗管理中心的参谋人员、后方地面指挥单元及其参谋人员都可以通过一个“元数据架构”可访问所有 ISR 信息。

实验使用的通信架构包括军用语音无线电、卫星语音和数据通信通道以及一个商用无线网络，模拟巡航导弹核潜艇规划中的高数据速率天线（256KB/秒卫星链路）和实验提案中的与无人机之间的视距数据链。

（四）实验方法

1. 元数据架构

元数据架构的目标是解决信息管理能力不足的问题。问题来源于艇上带宽有限，同时战斗管理中心中也没有足够的 ISR 分析员。

元数据架构的思路是把 ISR 数据产品存储在分布式网络上，同时为用户提供相关工具，使他们能够快速发现并有效分发最有价值的数据内容。艇上战斗管理中心人员和岸基后方支持单元各自负责收集特定 ISR 产品，并将其存档至本地元数据目录中。对应每一个 ISR 产品，本地目录中都生成一个元数据条目，标明一整套信息：时间、图片的经纬度位置、传感器类型、数据源、文件名以及小的缩略图。每隔 30 秒对两个目录进行一次同步，互相共享新的元数据。这样就保证了两个站点不必下载完整数据集就能获取所有信息。

图 4－14 显示了元数据架构下的数据流示意图。

来自特种作战人员、无人值守地面站以及全球指挥控制系统的数据都作为本地数据文档保存，通过元数据目录，它们可以被所有节点访问和使用。用户使用基于 Web 的接口，在元数据目录中搜索相关 ISR 产品。可以通过指定某个或多个元数据域的值，也可以通过地图软件接口搜索特定地理位置的信息。满足搜索条件的产品显示缩略图（64 ×64 像素）和基本信息，如果用户认为某条信息可能有用，则进一步显示该信息的中等分辨率图像（800 ×800 像素）；

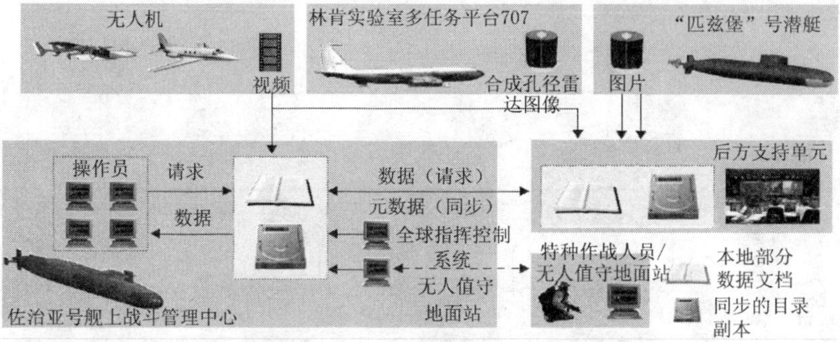

图 4－14 元数据架构下的数据流

如果用户仍然判断该信息有用，则请求原始的全尺寸图像。只有当数据不在本地时，才进行二次传输。

只有服务器端安装元数据架构，这样简化了安全和授权过程。整个服务器—客户端采用的是基于 Web 的门户结构，数据库和 web 服务都采用商用产品，以便于集成。元数据架构还负责监视和记录对元数据目标进行的操作，包括加载、浏览和下载等信息。这一记录对于实验后进行信息的供—需分析非常有用。

2. 数据采集与分析方法

每个实验设计目标被分解为一系列指标问题。如，为了评估 ISR 数据收集，必须回答以下问题：从收集平台下载数据的方法是否足够及时，能够完成传感器目标？

将指标转换为问题有助于分析，因为问题的回答可以直接转换为可靠的结果，由性能和效能度量支持。性能度量量化对系统部件功能的好坏，而效能度量则把系统性能与作战效果关联起来。因而多个性能度量可以汇总成为一个效能度量。

实验的分析总共定义了 83 个性能度量和 36 个效能度量指标，并将指标组织为层次结构（如图 4－15 所示）。

指标分析被划分到 4 个功能范畴：信息生成、信息分发、信息处理和决策、行动和执行。这些指标更进一步分为 4 个子属性：及时性、质量、完整性、风险削减。

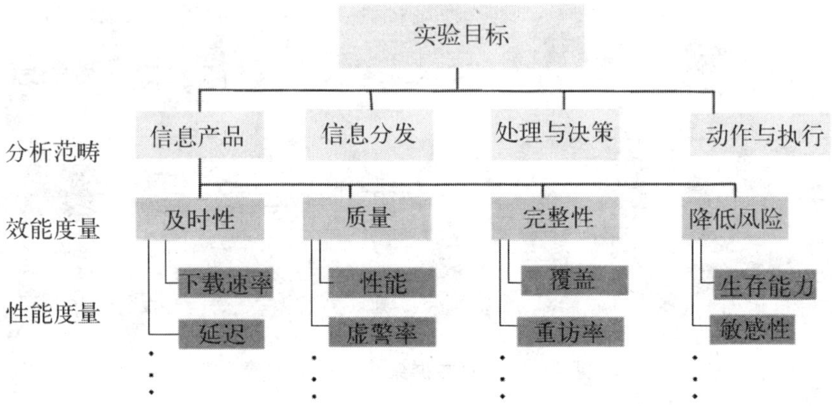

图 4－15　实验分析目标与度量指标

由于评估指标定义清晰，所以很容易确定这些指标所需的数据。所有的传感器数据都与平台遥测信息一同经由元数据架构存档，用于信息生成指标分析。网络连接与流量记录用于支持信息分发指标分析；元数据目录使用情况数据由战斗管理中心人员记录，用于支持分析与决策指标分析。

此外，所有实验人员都被要求记录其活动，并在实验结束时完成一份调查问卷。来自林肯实验室和海军部的观察人员则在战斗管理中心记录参谋人员和特种作战部队的岸上活动，以支持行动与执行指标分析。

（五）实验结果

实验完成之后，林肯实验室经过充分、完备的分析，向海军军事效用评估委员会提交了评估结果；委员会据此提出两项建议：一是先进战斗管理中心能够显著提高巡航导弹核潜艇的战术性能，建议所有 4 艘巡航导弹核潜艇都安装；二是信息管理机制能够有效支持战术决策，建议在全海军范围内推广使用元数据架构。4 艘改装的俄亥俄级弹道导弹核潜艇中，“俄亥俄”号于 2006 年改造完成，并于 2007 年 10 月正式部署，“佛罗里达”号在 2008 年 4 月、“密歇根”号在2008年11月、“佐治亚”号在2009年8月开始各自改装后的首次部署。

思考题

1. 红队技术在作战实验中有什么样的作用?

2. “恐怖的海峡II”中使用蒙特卡洛方法来计算红方导弹对蓝方打击的概率和效果，如果使用精度更高的模型和仿真计算，是否会使实验结论更可靠？为什么？

3. 在作战实验中采用螺旋式开发过程有什么优点？实施的关键是什么？

4. 多个国家或机构共同开展实验有什么样的困难？通过什么途径能够有效克服？

5. 面向装备论证的作战实验中最重要的是什么？

第五讲　美军作战实验特点

作战实验能力，是打赢信息化战争的重要能力，是军队信息化水平的重要标志之一。世界主要国家或地区军队都十分重视作战实验及作战实验室（机构）建设，适时组织开展各种规模的作战实验，积极推进军队建设与发展，并在实战中得到应用。美军作战实验起步较早、成果丰富，与其他主要国家或地区军队作战实验相比，有许多独特之处。研究和总结其特点规律，对于积极推进我军作战实验及作战实验室（机构）建设与发展十分有益。通过对前 4 讲的归纳总结，可以得出美军作战实验有 6 个方面的特点。

一、高度重视作战实验的集中管理

一是重视作战实验的高层统一管理。美军联合部队司令部是美军联合作战概念开发和实验的执行机构，它负责对相关的实验活动与相应的联合作战进行协调管理，管理的范围从概念研究、模拟演习、建模与仿真、小型作战实验，直至大型联合野战演习实验。同时，还负责协调国防部与其他部门和军种之间的联合作战实验事宜。

二是重视作战实验的军种内部管理。美军军种作战实验由各军种统一管理。陆军作战实验由陆军训练与条令司令部统管，具体负责机构是设在弗吉尼亚州“作战实验室综合、技术和概念部”。海军作战实验由海军海上战斗中心统管。

三是重视作战实验的基础研究管理。美军作战实验的基础研究由联合部队司令部联合作战中心通过在线的分布式联合训练系统网络平台负责管理协调，研究内容主要包括未来联合实验体制、未来先进技术、信息处理方法等。

二、大力推动作战实验的协作发展

一是作战实验室与职能部门和国防工业部门存在密切协作关系。以陆军为例，陆军“早期进入时的杀伤力与生存力作战实验室”与许多作战司令部、联合司令部、勤务局、国防研究与开发实验室及工业界开展协作；佐治亚州“陆军作战指挥实验室”除了与工业部门的商业公司、其他作战实验室合作外，还和通信与电子司令部、打击司令部和训练实验司令部开展协作；陆军“战斗勤务支援作战实验室”与国防后勤局、运输司令部、空中机动司令部和军事海运司令部以及与运输学校、军需学校和军械学校及其他作战实验室开展协作。陆军的其他一些作战实验室还在陆军训练与条令司令部所属的各个学校和研究中心开设作战实验室分支研究机构，加强作战实验的协作研究。

二是作战实验室与固定作战部队开展联合实验。美陆军所有的野战部队司令部都参与陆军作战实验室的实验，每一个作战实验室都相应固定若干实验部队。陆军“全纵深同时攻击作战实验室”在“双向锁簧行动”实验中，曾与陆军野战炮兵、防空炮兵、陆军航空中心和空战司令部合作共同进行了联合精确打击实验。海军作战实验与海军舰队的关系更为密切，每年一次的海军舰队战斗实验任务由海军各舰队轮流承担。

三是作战实验室承担联合实验任务。位于肯塔基州诺克斯堡的陆军“乘车作战实验室”，除了承担陆军乘车作战实验任务外，还担负包括航空兵和支援兵种在内的所有机动力量的陆军作战实验任务。佐治亚州陆军“作战指挥实验室”重点承担作战指挥和信息战实验任务，同时还承担陆军通信设备和网络建模仿真任务，并在通信设备和信息化建设方面指导其他陆军作战实验室。堪萨斯州陆军“作战指挥实验室”除了承担指挥艺术或思想实验任务外，还作为陆军作战指挥实验总部，负责全面指导整个陆军作战指挥实验。空军亚拉巴马州鲁克尔堡“空中机动作战实验室”，除了承担空中机动力量实验任务外，还被赋予了全面监督和横向综合空军先期概念和技术的研发任务。

四是民间机构参与作战实验。由于作战实验在美军中的应用十分广泛，美国出现了一批具有一定规模的民营作战模拟机构，它们专门根据美军的特定要求研制作战模型，甚至直接参与作战实验活动。兰德公司先后于1999年和2009年进行了《恐怖的海峡》和《恐怖的海峡Ⅱ》两次实验论证，对台湾海峡可能发生的军事冲突进行了实验研究。Toyon研究公司与国防部先进研究项目署和空军共同研发的SLAMEM系统，已成为美军作战实验仿真架构中的基本配置系统之一，成功地应用于“联合行动1999—1”实验、“多国实验”系列、“城市决心”系列等实验活动。美陆军出资、GENSYM公司开发的C^3TRACE系统，在“多国实验3”中发挥了重要作用。

五是多国协作参与作战实验。在作战实验活动组织方面，美军曾与英、法、德、日、澳大利亚等国军队或自卫队合作举行过系列实验；在作战实验建模仿真方面，美国主导成立了北约建模与仿真小组，英国、德国、法国、比利时、荷兰、加拿大、丹麦、挪威、葡萄牙、西班牙及土耳其11个国家参加该小组活动，目标是在北约建模与仿真活动中建立一个通用技术框架并提供通用服务。

三、注重强调作战实验的军事效益

一是作战实验活动与实战和训练融为一体。美军大西洋总部将联合部队实验与联合部队训练相结合，使得单项的演习具有训练和实验的双重功能，实验结果能够通过军事演习进行检验，提高作战实验的可信度。联合C^4ISR作战中心统筹联合特遣队的演习方案与实验方案，评估联合特遣队的联合作战能力，实验C^4ISR系统的互通能力，研究新技术应用于作战的可行性。陆军“早期进入时的杀伤力与生存力作战实验室”，参与了空降部队在布拉格堡的作战演习活动；陆军“徒步作战空间实验室”有关徒步作战空间作战能力的重点实验内容（实施持续作战的方法和改进抗击敌人大规模杀伤性武器影响的措施)，与陆军路易斯安娜演习课题相一致。

二是作战实验内容突出实战。以后勤实验为例，针对未来作战不可能拥有预置大量物资的后勤基地和仓库这一特点，美陆军“战斗勤务支援实验室”开展了“总体配置思想”实验，从后勤分散行动、集中配置行动、模块化和途中可见等方面进行了实验；针对未来战争和非战争军事行动中的兵力投送需求，美军多个作战实验室联合提出各种假设，在极为逼真、对抗性极强的模拟环境中进行了实验。

三是作战实验活动组织系列化。联合部队司令部组织了 3 阶段的“概念开发实验”，第一阶段实验的重点是提高现有部队近期的作战能力；第二阶段实验的重点是实现《2020 联合设想》中规划的作战能力；第三阶段实验的重点是研究新的作战概念和科学技术对联合作战的影响。陆军组织了“统一追求”系列实验：“统一追求（2003、2004）”的实验内容是持续冲突世界中的安全问题和长期战争问题，“统一追求（2005、2006）”的实验内容是全球动荡下的长期战争问题，“统一追求（2007、2008）”的实验内容是 21 世纪的冲突动态和同时应对两场大规模战争问题。海军组织了长达 5 年的代号“海龙”系列作战实验，分为“猎人勇士”、“都市勇士”和“干练勇士”3 个实验，从战术、技术、战法和程序方面的基础性验证实验开始，以大规模的综合性高级作战实验结束。空军组织了“联合远征部队”系列实验，“联合远征部队实验 99”主要实验航空航天远征部队向前沿战区实施紧急部署以及一体化太空和盟军作战；“联合远征部队实验 00”主要实验航空航天远征部队如何提供灵活的战斗支援；“联合远征部队实验 02”主要实验关键目标瞄准；“联合远征部队实验 04”主要实验网络中心作战；“联合远征部队实验 08”主要实验联合指挥控制问题。

四、持续狠抓作战实验的技术标准

一是统一制定作战实验技术标准。美军认为，各军种间在实验室建设和作战模拟系统研制过程中，应达成统一的体系结构和标准化协议。美国防部建模与仿真办公室的主要职责中有四项就是作战实验的规范化、标准化管理。美军在其“建模与仿真数据工程技术框架文件”中，规定技术开发机构必须强制执行数据标准和模板，以使有关方面能运用数据标准生成、管理和传送数据。

二是统一开发联合实验技术环境。联合部队司令部所属联合 C^4ISR 作战中心实施了联邦作战实验工程，开发完成了一个跨军种的分布式联合 C^4ISR 实验环境。通过此实验环境，美军实现了将联合 C^4ISR 作战中心、各军种、各司令部、国防部、各作战实验室和联合互通能力实验中心连接在一起。

三是合作开发作战实验基础技术。国防部高级研究计划局与有关科研机构合作开发综合环境仿真基础技术；陆军一些作战实验联合与民间机构合作开发三维虚拟现实技术以实现武器系统的全生命仿真；空军一些作战实验联合与陆军高级仿真中心合作开发半实物仿真技术；空军战略防御司令部与陆军训练与条令司令部合作开发空间和导弹防御作战实验技术，为实验模型开发奠定技术基础；海军与国防部高级研究计划署合作开发用于舰队作战实验的基础技术，为海军嵌入式仿真实验提供技术支撑。

五、不断追求作战实验的模型实用

一是强调模型的简单。美军认为，模型应尽可能简明反映输入的改变对输出结果的影响，数据或假设的改变对结果的影响；能清楚反映模型中各要素的因果关系，并有利于解释实验结果；要能准确反映假设的描述情况和数据的运用情况，并能提供他们与实验结果的逻辑关联性。

二是强调模型的应用分类。美军认为，作战实验分析模型与训练模型有些共同点，它们的区别在于使用目的和使用对象。训练模型必须给被训练者提出一系列可信的刺激和响应，并且错误的内容也要学习，特殊训练目标的逼真度是其一个显著特点。训练模型的逼真度在作战实验分析模型中不重要，作战实验分析模型的关键是逻辑和因果的准确性。

三是强调模型的合理描述。美军认为，实战有许多不确定性因素，如难以了解的初始条件、难以预测的战斗现象等，这些都影响着作战实验模型的精确性。基于一系列关于作战情况的假设，按照一组给定的初始条件和设想，只能是近似准确地进行实验分析。在未来的世界总有许多相互矛盾的观点，作战实验建模所要探索的是对这些假设的合理考虑以及与其相一致的应对策略。只要这些假设能被准确、合理地描述，作战实验分析模型就能有助于确认和分析各式各样系统的相关性、作战概念和兵力结构，即使一个模型不十分准确也能成功地得出十分有意义的结论。

四是强调模型的相互验证。美军认为，同一问题应从多个角度进行分析，因此应同时建立多个相互独立的作战实验模型，以便相互验证。

五是强调模型的弹性基础结构。美军认为，模型结构影响仿真系统分析作战问题的适应性，影响处理过程的效率，影响因果关系的透明度，影响未来改进，影响模型的分辨率。在模型的设计开发阶段，就要重视模型的弹性结构。具有弹性基础结构的模型，有利于对空间对象进行描述，有利于探讨指挥和控制方法，有利于模拟随机或不确定事件。对于一些非弹性结构的模型，对它的局限性应当进行明确定义和解释。

六是强调模型的指控描述。美军认为，在以往某些模型中，非常理想化的情报被模拟，模拟交战的双方很不现实地掌握了对方的位置、能力和意图，模拟完全基于理想化的指挥控制过程，决策与 C^4I 问题的描述决定了绝大多数战役分析结果的有效性，因此新一代联合作战实验模型要把 C^4I 的模拟放在首要位置，给予高度重视。在战略层次，模型要能描述战役目标以及为完成这些目标的策略；在战役层次，模型要能描述兵力分配、优化及时间需求；在战术层次，模型要能描述一组战术任务，包括作战人员如何分配，选择敌哪个机场或战略目标进行攻击，与地空导弹部队并列的其他地对空火力如何分配等。

六、努力促进作战实验的知识普及

一是重视作战实验知识的军官教育。美军认为，必须对有关管理者进行作战实验教育，增强整个国防部、作战司令部、各军兵种参谋部对作战实验的广泛认同，提高各类人员的作战实验知识水平，使他们了解其重要性，并知道不同的作战实验应用软件的优长和不足。对此，美军制订了全面的作战实验教育计划，开发了作战实验知识库，编写了难度适中的教育材料，开设了正式作战实验课程。

二是重视建模与仿真专业知识学习。美军针对刚被任命担任参谋长或其他军官而又缺乏或没有作战实验知识的人员，专门设置了建模与仿真课程，每期学习 5 天。目的是让他们真正熟悉建模与仿真的政策、组织结构、程序编制过程、活动方式等。美国防部建模与仿真办公室每年在全美各地都要举办多起建模与仿真课程培训班。

三是重视作战实验理念的普及。美军认为，作战实验知识宣传经常化是提高军队对作战实验认同的重要手段。美军专为国防部部长以下的官员设置了作战实验地位作用课程，主要是展示关于作战实验的高层次评价，还专门设置了“建模与仿真 101 活动”，主要是利用各种各样的会议向更广泛的人员宣传作战实验。

思考题：

1. 简述美军作战实验的六大特点。
2. 如何看待作战实验？
3. 如何提高我军的作战实验水平？

附表

附表 1　第二次世界大战前美军主要作战实验活动

时间	实验活动
	海　军
1884 年	1. 在马汉上校和斯戴芬·卢斯海军少校要求下，海军学院成立。 2. 以在桌面上进行舰队机动仿真的方式进行实验。
1901 年	使用潜艇进行实验。
1910 年	弗吉尼亚·诺福克附近，飞机从船上起飞进行演示实验。这是第一次演示实验。
1911 年 1 月 18 日	旧金山海湾，飞机在“宾夕法尼亚”号军舰上进行着陆实验。
1913 年	古巴关塔那摩海湾，实施舰载机侦察敌人的位置，并用无线电向军舰报告的实验。
1917 年	英军成功进行舰载机拦阻实验，比美军成功。至此舰载机技术完全成熟。
19 世纪 20 年代	航空母舰实验。
1904 年~1935 年	新的推进系统和燃油实验。
1929 年	“列克星敦”号和“萨拉托加”号为同型航空母舰。两艘姊妹舰常相互“攻击”，以检验航母的应用理论。1929 年在巴拿马运河进行的第 9 次攻防实验（舰队问题实验之一）中，显示出空中突袭可在短时间内扭转战局，证明了航母在作战上的灵活性，导致了美军海军以航母为舰队核心的战术出现。
1923 年~1940 年	舰队问题（FPT）实验。
1923 年	第一次世界大战期间，美国国防部长丹尼尔斯成立由爱迪生领导的顾问委员会。1923 年在爱迪生推动下，成立海军实验局（naval experimental station）。该局后来转变成海军研究实验室（Naval Research Laboratory）。
1939 年~1941 年	鱼雷快艇实验。
	海军陆战队
19 世纪 20 年代	对陆上部队提供近距离空中支援飞机使用的实验。
19 世纪 30 年代	两栖作战条令的开发实验。
	空军
19 世纪 20 年代	比利·米切尔将军攻击在皮萨切克湾用于实验的德国军舰，研究空中搜索和空中力量问题。

附表 2　2000 年前美军主要作战实验室

军种	实验室名称	地址
陆军	作战指挥作战实验室	包括位于堪萨斯州利文斯堡的作战实验室（BCBL－L）、位于佐治亚州戈登堡的作战实验室（BCBL－G）、位于亚利桑那州胡根堡的作战实验室（BCBL－H）。
	徒步战斗空间作战实验室	位于佐治亚州贝宁堡
	搭乘机动战斗空间作战实验室	位于肯塔基州克洛克斯堡
	空中机动作战实验室	位于亚拉巴马州鲁克尔堡
	纵深与同时攻击作战实验室	位于俄克拉荷马州希尔堡
	战勤支援作战实验室	位于弗吉尼亚州的李堡
	机动支援作战实验室	位于密苏里州莱昂纳多·沃德堡
	空间和导弹防御实验室	位于亚拉巴马州胡特斯威廉堡
海军	海军作战实验室，亦称“海上战斗中心”	是一个分布式机构，下设概念研究、技术评估和行动协调三个小组。
海军陆战队	海军陆战队战斗实验室	位于弗吉尼亚州匡蒂科
空军	信息战作战实验室	位于德克萨斯州的拉克兰德空军基地
	空中远征部队作战实验室	位于爱达荷州霍姆山
	空间作战实验室	位于科罗拉多州的施里佛空军基地
	部队保护作战实验室	位于德克萨斯州的拉克兰德空军基地
	指挥与控制作战实验室	位于佛罗里达州的赫尔伯特空军基地
	无人机作战实验室	位于佛罗里达州的埃格林空军基地
	空中机动作战实验室	位于新泽西州底格斯堡
联合部队司令部	联合作战实验室	位于弗吉尼亚州萨福克

附表3 其他国家或地区主要作战实验机构

国家/地区	实验机构名称	说明
英国	陆军高技术作战实验室	2004年在沃明斯特地面作战中心组建。可为英国陆军提供最前沿的技术，并允许陆军在人工环境中测试新的战术和条令。
	国防科学技术实验室	2001年7月2日组建。主要运用科学技术手段进行最敏感课题的研究，负责向国防部提出涉及整个军事领域系统性专家研究建议。该实验室不定期向国防部提交专题研究报告，另外每月还提供《国防部报告摘要》和《国防技术最新动态》。
俄罗斯	防空军作战模拟实验室	隶属于俄防空军指挥学院，主要实验系统是“光谱”防空作战模拟系统。
	海军海战仿真实验室	隶属于俄罗斯海军指挥学院，可以模拟防空作战行动、模拟使用战役战术导弹、巡航导弹、远程炮兵、空军航空兵和陆军直升机部队及各军种电子战力量。
法国	三军联合模拟办公室	1999年1月成立，负责处理和监督与三军联合模拟有关的所有活动。法军计划到2005年底建成国家模拟系统。
澳大利亚	海军海上试验室	位于阿德莱德市，用S于支持海上研究项目。
德国	联邦军事技术与采购办公室的模拟机构	模拟的范围就覆盖了德军的所有模拟应用领域。该机构为全军不同级别的单位提供各种类型的模拟服务。
中国台湾地区	军种作战实验机构	各军种司令部编设有相应或类似的作战实验机构，负责本军种作战实验研究工作。
	兵棋暨模式模拟中心	2000年10月30日成立，是具有三军联合作战实验性质的最高研究机构。

主要参考文献

1 Andy Ceranowicz, Mark Torpey. J9901, Federation Development for Joint Experimentation. Simulation Interoperability Workshop, 99F - SIW - 120, 1999

2 US Defense Science Board. Defense Science Board Task Force on the Role and Status of DoD Red Teaming Activities. Washington, DC: U S Department of Defense, 2003

3 John Sandoz. Red Teaming: A Means to Military Transformation. Insttite for Defense Analysis Paper P - 3580, 2001

4 Alec Wahlman, Mark Bean, Gary Anderson. Exploring New Concepts for Joint Urban Operations. Institute for Defense Analyses, 2003

5 David A Shlapak. A Question of Balance. Rand Coorporation. Santa Monica. Calif: RAND Corporation, 2009

6 Fox, Daniel B, Carl M Jones. JICM 3.0: Documentation and Tutorial, Santa Monica, Calif: RAND Corporation, 1998

7 Shlapak, David A, David T Orletsky, Barry A Wilson. Dire Strait? Military Aspects of the China - Taiwan Confrontation and Options for U S Policy, Santa Monica, Calif: RAND Corporation, 2000

8 Philip S E Farrell, Paul Comeau, et al. CFEC Analyst Final Report for Multi - National Experiment 3. Defence R&D Canada, Technical Memorandum. 2005

9 Philip S E Farrell. Measuring Common Intent During Effects Based Planning. DRDC Toronto TM 2005 - 150, Toronto, Canada: Defence R&D Canada, 2005

10 The U S Air Force Transformation Flight Plan. 2004

11 Wilson J R. JEFX: Speeding new systems into battle. AEROSPACE AMERICA, 2004. 20 ~ 22

12 Anne Plummer. Expeditionary Test. Air Force Magazine. 2002. 54 – 56

13 William J Startin. Maritime Headquarters (MHQ) with Maritime Operations Centers and Navy Experimentation. MORS Workshop: WG3 Methodologies and Tools 04, OCT, 2006

14 Charles L Johnson. Defense Software Strategy Summit 18 Oct 06

15 Sharon Anderson. U S Second Fleet – the Fleet Lead in JEFX 2006. CHIPS, July – Sep, 2006. 12 – 15

16 Frederic T Case, Nathan Loterba, et al. An Instrumentation Capability for Dynamic Targeting. CCRTS 2006

17 Mark Maybury. Collaborative Virtual Environments for Analysis and Decision Support

18 Paul Metzger, Lawrence Bush, et al. Virtual Hammer. Lincoln Laboratory Journall, 2007 , 16 (2): 337 – 354

19 Kenneth D Senne, Gary R. Condon Integrated Sensing and Decision Support. Lincoln Laboratory Journal, 2007 , 16 (2): 237 – 244

20 Paula Pomianowski, Richard Delanoy, et al. Silent Hammer Lincoln Laboratory Journal, 2007 , 16 (2): 245 – 262

21 Department of Defense, Joint Publication 1 – 02. Dictionary of Military and Associated Terms. [2010 – 09 – 03] http: //www. dtic. mil/doctrine/jel/new_ pubs/jp1_ 02. pdf

22 David S Alberts, Richard E Hayes. Campaigns of Experimentation: Pathways to Innovation and Transformation. USA: CCRP, 2005

23 Richard A Kass. Logic of Warfighting Experiments. USA: CCRP, 2006

24 Brian McCue. The Practice of Military Experimentation. USA: Center for Naval Analyses, 2003

25 Alex Post. Military Experimentation: hallmark of professional-

ism. Australia：Air Power Development Centre，2006

26 Defense Science Board. Phase I Report of the Defense Science Board（DSB）Task Force on Joint Experimentation. Office of the Under-Secretary of Defense for Acquision，Technology and Logistics，Washington D C，2003

27 Richard A Kass. Understanding Joint Warfighting Experiments. 69th MORS Symposium Working Group P1：Warfighting Experimentation，2001

28 Institute For Defense Analyses. Joint Warfighting Experimentation：Ingredients for Success. Joint Advanced Warfighting Program，2000

29 The role of the combat experimentation in building American navy

30 Andrew G Loerch，Larry B Rainey. Methods For Conducting Military Operational Analysis. MORS，LMI Research Institute，2007

31 军事科学院军事运筹分析研究所. 作战实验理论与实践. 北京：军事科学出版社，2008

32 军事科学院军事运筹分析研究所. 作战实验实施指南. 北京：军事科学出版社，2008

33 吕跃广，方胜良. 作战实验. 北京：国防工业出版社，2007

34 杨南征. 虚拟演兵. 北京：解放军出版社，2007

35 金伟新. 大型仿真系统. 北京：电子工业出版社，2004

36 陈欣. 美军建模仿真对象模型体系框架研究. 北京：军事科学出版社，2008

37 曹晓敏，段洣毅，贾美英等. 美军典型模拟系统研究. 北京：军事谊文出版社，2010

38 毕义明，刘良，刘伟等. 军事建模与仿真. 北京：国防工业出版社，2009

后　记

根据院统一部署，为满足军事运筹学及作战实验高层次人才培养需要，我们在外军作战实验特别是美军作战实验研究和研究生多年教学实践的基础上，编写了供研究生教学使用的《美军作战实验研究教程》。

《美军作战实验研究教程》主要论述美军作战实验的基本概念、发展演变、主要类型和基本构成，系统介绍美军作战实验的管理与实施、主要技术方法以及美军作战实验的典型案例，归纳总结了美军作战实验的主要特点。

作战实验作为一个科学概念，虽然是近几十年才出现的名词，但在人类的战争史上，它一直伴随着人们的军事活动而存在。从《孙子兵法》中提到的“庙算”，到“运筹帷幄之中，决胜千里之外”的“运筹帷幄”，从普鲁士冯·莱斯维茨的克里格斯皮尔战争游戏，到当代在实验室研究战争的作战实验，军事研究人员和决策指挥人员都重视利用他们所处时代的技术条件，于战前研究战争及其可能的结果，于战后反思与总结战争。作战实验在研究和指导战争中的地位十分重要。

人类进入信息时代之后，武器装备的多样性，作战环境的日益复杂性，政治、经济、文化、宗教的多元性，使得研究和指导战争越来越困难。以计算机技术为核心的信息技术与运筹学理论相结合产生的现代作战实验，为研究战争提供了全新手段；通过计算机和模型进行海量信息处理，在虚拟战场上“预演”战争，用数字解析战争，成为人类研究战争的第三种途径。

美军作战实验在世界各国军队中处于领先水平。美军认为，作战实验既是信息时代军事革命的产物，也是军队变革的推动因素。

海湾战争后，美军率先启动作战实验室建设，进而确定了“提出构想—作战实验—部队演习—实战检验”的新型建军与备战模式，并将作战实验置于战略发展地位。系统研究美军作战实验，对于提高我军的作战实验水平和成效有着十分重要的意义。军事运筹学研究生通过系统掌握美军作战实验知识，有助于了解现代作战实验的发展历程，提高作战实验技能和水平，从而更好地在军事科研与军事实践中运用作战实验理论、方法与技术。

《美军作战实验研究教程》由李辉担任主编，赵存如担任副主编，第一讲由李宁撰写，第二讲由陈育功撰写，第三讲由丁峰撰写，第四讲由周璐撰写，第五讲以及绪论和后记由赵存如撰写。李辉、赵存如负责全书统稿，李辉最后定稿。

《美军作战实验研究教程》编写的难度较大，加之资料收集困难和研究水平有限，书中难免有不妥或不足之处，望读者提出宝贵意见，以便在教学中及时修改和完善。

编　者

2012 年 10 月

军事科学院硕士研究生系列教材（第二版）

★《兵役学教程》
★《国防后备力量建设教程》
★《国防经济学教程》
★《军队后勤宏观管理机制教程》
★《军队信息化建设教程》（军内发行）
★《军队应对非传统安全威胁教程》
★《军队指挥学教程》
★《军队组织编制管理教程》
★《军队组织编制学教程》
★《军事法制教程》
★《军事系统学基础教程》
★《军事哲学教程》
★《军事装备保障学教程》
★《联合战役学教程》
★《联勤教程》
★《战役学教程》
★《作战力量建设教程》
★《非战争军事行动教程》
★《国防建设教程》
★《合同进攻战术教程》
★《基于信息系统体系作战能力教程》
★《联合作战教程》（军内发行）
★《毛泽东军事思想教程》
★《联合战役指挥教程》
★《军事管理学教程》
★《军事科学研究教程》
★《中国人民解放军战史教程》
★《空间作战学教程》
★《战术学教程》
★《司令部工作与建设教程》
★《军事训练学教程》
★《联合训练学教程》
★《邓小平军事思想教程》
★《外国国家安全战略与军事战略教程》
★《外军作战与训练教程》（军内发行）
★《国家安全战略学教程》
★《信息作战学教程》
★《联合战斗教程》
★《指挥信息系统教程》
★《中外军事组织体制比较教程》
★《军队政治工作史教程》
★《战时政治工作教程》（军内发行）
★《美军作战实验研究教程》
★《简明军事运筹学教程》
●《中国历代战略思想教程》
●《当代外国军事思想教程》
●《外国国防与军队建设教程》
●《台海军事地理教程》（军内发行）
●《陆军战役学教程》
●《特种作战学教程》
●《非战争军事行动指挥教程》
●《作战实验学教程》
●《作战实验工程基础教程》
●《战争法教程》
●《合同防御战术教程》
●《国防动员学教程》
●《党的创新军事指导理论教程》
●《孙子兵法教程》
●《战略学教程》
●《军种战略问题教程》
●《边海防战略教程》
●《国防教育教程》
●《军队政治工作学教程》
●《学术道德与学术规范教程》

注：★表示已成书　●表示未成书